图书馆的故事

〔美〕马修·巴特尔斯　著

赵雪倩　译

商务印书馆
创于1897 The Commercial Press

2015年·北京

Library: An Unquiet History
By Matthew Battles

根据2003年诺顿版译出

图书在版编目(CIP)数据

图书馆的故事/(美)巴特尔斯(Battles, M.)著;赵雪倩译.—北京:商务印书馆,2013(2015.1重印)
(书史译丛)
ISBN 978-7-100-09729-1

Ⅰ.图… Ⅱ.①巴…②赵… Ⅲ.①图书馆事业—文化史—世界 Ⅳ.①G259.19

中国版本图书馆CIP数据核字(2013)第003896号

图书馆的故事
〔美〕马修·巴特尔斯 著
赵雪倩 译

商 务 印 书 馆 出 版
(北京王府井大街36号 邮政编码 100710)
商 务 印 书 馆 发 行
北 京 冠 中 印 刷 厂 印 刷
ISBN 978-7-100-09729-1

2013年6月第1版 开本 787×1092 1/16
2015年1月北京第2次印刷 印张 15¾
定价:32.00元

序

看这本书的读者大概都知道博尔赫斯的名言：“这世上如果有天堂，天堂应该是图书馆的模样。”但图书馆应该是什么模样，就只能根据自己的经历和想象。

1957年我进入初中，有了学生证，可以凭证进上海图书馆看书了。当我第一次进入它的目录厅，随意翻着一个个书目卡片箱时，简直无法想象馆里竟藏了那么多的书。进入高大宽敞的阅览室时，我虽然没有马上联想到天堂，却立即视为乐园，此后经常出现在梦中。不过，直到1978年成为复旦大学的研究生，以后又留校任教，我才有机会走进真正的书库。尽管那时的书库夏天闷热不堪，冬天冰冷彻骨，还有无处不在、无孔不入的灰尘——怪不得馆里的工作人员进书库都会穿上深蓝色的工作服。1985年第一次出国，第一次见识哈佛大学怀德纳图书馆，才知道“天堂”的模样。1997年我到坐落在日本京都近郊山上的国际日本文化研究中心当客座教授，尽管此前我已参观过几十座世界著名的图书馆，但在仰望这座图书馆大厅的穹顶时，还不得不为它精巧的设计和完美的功能所折服。

在担任先师季龙（谭其骧）先生的助手期间，我得知他曾在研究生的最后学年开始当过三年国立北平图书馆（国家图书馆的前身）馆员，而他的族伯谭新嘉先生还是该馆的元老，与他亦师亦友的前辈学者中有好几位都是当初的馆员或编纂委员，如向达（觉明）、贺昌群（藏云）、刘节（子植）、王庸（以中）、谢国桢（刚主）、赵万里（斐云）、王重民（有三）、孙楷第（子书）等，更加深了我对图书馆人的敬意。

2007年，在我当了十一年中国历史地理研究所所长后，意外地被学校任命为复旦大学图书馆馆长。从一个图书馆的读者变为主管——拥有450余万册图书、200余位员工，为3万多师生服务，我没有像一些朋友所羡慕的那样有更多的时间看书，特别是看一般读者看不到的书（实际上我已规定全部藏书都向读者开放），但对图书馆还是有了更多的了解。六年来，我也有机会到过更多世界著名的大学图书馆和公共图书馆，结识了国内外一批图书馆馆长和优秀的馆员，听到了图书馆的名人轶事。但在读了马修·巴特尔斯《图书馆的故事》后，仍感获益匪浅，使我所知的“天堂”片断连接成一篇世界图书馆的简明历史。作者以他丰富的经验和学识，以生动明了的语言，叙述了从古老的美索不达米亚的泥板、亚历山大图书馆到作者长期服务因而最为熟悉的哈佛大学怀德纳图书馆的故事。难能可贵的是，这些故事还包括秦始皇焚书坑儒、司马迁编纂《史记》和房山石刻佛经，这在西方同类著作中往往是被忽略的。

近年来，随着信息和网络技术的飞速发展，有人预测纸质图书和现在形式的图书馆即将消失。我认为，这样的预言者只知道图书馆的工具功能，却不理解图书馆传承文化的作用。作为工具的图书馆被更新、更便捷、更强大的工具所取代是完全正常的，但作为文化的图书馆却会与人类的需求共存，并且为后代所继承。看了这本《图书馆的故事》，我有了更坚定的信心。

葛剑雄

2013年4月13日于哈得逊河畔旅次

译者序

作为阿根廷图书馆员的博尔赫斯，在其《巴比伦的图书馆》中有这样一句话："狂妄无稽者认为图书馆里的噪音是正常的，而理性（或者说谦逊和专注）则是一种不可思议的例外。"

如果从字面来看，这段话就是对"狂妄无稽"之辈们的批评，批评他们对于图书馆——这一崇高的存在的无知，然而如果结合作者在书中反复提到的那个难题，那个在图书馆发展的进程中无法回避，却似乎永远没有希望解决的问题的话，那么，"狂妄无稽"之辈实际上象征着如你我这样的普通大众，面对着无垠书海时所感到的无助和焦躁。

也许，在很多人看来，图书馆是一个简单得不能再简单的存在，不就是把很多图书聚集起来吗？然而，如果我们能够想到同样简单的一个事实：即使规模最大的图书馆，其空间也是有限的，作为知识的载体——书籍的产生——无论是数量还是内容种类，却因为人类的繁衍兴盛而没有尽头，那么，一个困扰我们历时已久的问题就出现了：一座空间有限的图书馆到底是应该像综合型图书馆那样，包罗万象，涵盖人类知识产品的全部；还是应该像古希腊帕纳瑟斯山山腰上的帕纳森神庙，仅留存精华，舍弃其余？

这样一个看似简单的问题，对我们人类来说，纵使经历了几千年岁月的洗礼，一次又一次天意或人为的浩劫，书籍和图书馆的形式和内容仍在不断地发展、变化，多少人在不遗余力地探索和挣扎，结果依然是无法取舍，莫衷一是。

1999年，哈佛大学怀德纳图书馆要进行一次大规模的修缮，为了安装更加先进的火灾检测和扑救系统、照明设备以及其他各种更为先进的设施，图书馆需要将部分书架上的书籍转移到仓库中去，以便为这些设备的安装腾出空间。为此，图书馆启动了一个项目，就是确定哪些书籍应该继续留在书架上，哪些应该被转移进仓库，作为这个项目中的一员，本书作者马修·巴特尔斯终日徜徉于一排一排、似乎永无止尽的书架之间，流连忘返。就是在这个过程中，让他对图书馆的由来及其存在的意义有了更为深入的认识，经过大量的思考、阅读、比较和拣选，一部关于图书馆的起源及其曲折多舛的发展历史的著作诞生了。

如果说，人类文明发展的历史就是人类不断地与自身的愚昧无知相抗争的历史，那么，在这个过程中留下的每个或血泪交融、或欢欣鼓舞的足迹都可以在图书馆中找到它们的印痕。

建于公元前3世纪的亚历山大图书馆规模宏大，包罗万象，彰显了人类本性中对智识的渴求，鼎盛时藏书达到70万卷，是综合型图书馆的典范。当然，人类文明的进程并非这样清晰和肯定，纵然经历了一次又一次的战火，图书馆都能在劫灰中幸存，然而，漫长岁月的侵蚀，终令那曾经鲜亮跃动的音符开始变得凝滞，那曾经充满向往和追求的心灵逐渐麻木，曾经盛极一时的亚历山大图书馆到底如何、又是什么时候消失的，我们已经无法找到一个确切的答案，但是，对于马修·巴特尔斯和他的同行们来说，对此却心知肚明：她，就如同一艘巨轮，在时光的波涛洪流中颠簸航行，渐行渐远，终被淹没。

我们虽然只能在各种文献甚或传说中窥见亚历山大图书馆的规模，但是她却对我们昭示了人类社会在文明目标下的凝聚力，这凝聚力，如同暗夜之中永不熄灭的长明灯，引领着人类在反复不平的历史进程中前行。作者在描画图书馆发展的历史轨迹时，将笔墨更多地着力于人类在走向文明的征程中所面对并经历的困惑与迷茫，我们见识了出于对某些宗教教条或者政治信条的狂热，人们如何盲目而无情地摧毁图书馆，焚烧书籍，无论那图书馆曾经历多少历史的风霜而留存，也无论那书籍里面承载着多少人类过往的经验和情感，作者引用了海因里希·海涅的话来揭示这些行为的本质："谁在那里焚烧了书籍，谁最终也会在那里焚烧人。"

同时，作者为我们提供了另外一幅更为清晰的画面，身处绝境中的人们，如何凭借着书籍和那字里行间传达出的信念为自身的存在与尊严而挣扎和奋斗，其中最令人难忘的是那座建于二战时期的维也纳犹太人隔离区的图书馆，图书馆的管理者和使用者都是随时可能被遣送至纳粹集中营的犹太人，尽管如此，图书馆井然有序地运营到了隔离区被取缔的那一刻。生存是那里的犹太居民们不敢奢望的"奢望"，是什么令这些时时刻刻身心都在经受无情的蹂躏和摧残，生活在死亡阴影之下的"居民"们在破败失修的建筑中，用他们能够收集到的图书——其中很多都残破不全——建立起了一座图书馆？是不是因为从规模宏伟的亚历山大图书馆到犹太人聚居区这座简陋的图书馆，人类走过了两千多年的时光，时移境迁，沧海桑田，漫长而无止尽的时光隧道间，始终弥漫着我们的本能之中就存在着的那种不灭的渴求！

知识爆炸为图书馆的发展和管理提出了严峻的挑战。书籍的数量以几何级的速度增长着，但是，图书馆的空间是有限的，更不要说人的生命和精力。哪些值得保留，哪些必须舍弃，这是一个令人不安的问题，因为任何一种标准都无法避免遗漏“珠玑”的后果，就如同古代犹太人的“书冢”，当时的人们将无用的书籍、练习本等等“丢弃”在一个地方，然而，许多年之后，这些“无用的纸片”却成为人们了解和研究相关历史文化的珍贵资料。

是的，书海无垠，我们有限的图书馆与更为有限的人生到底能够容纳其中的几许？

对于这个问题，我们永远不可能得到一个明确的答案，不过，作者仍然成功地让我们坚信：人们始终要“在现有的收藏之上再增添一本书”。因为，图书馆不仅仅是图书聚集的地方，她实际上承载着人类与自身的愚昧搏斗的使命！

赵雪倩

2013年3月于上海

目录

一、解读图书馆

狂妄无稽者认定图书馆里的噪音是正常的，而理性（或者说谦逊和专注）则是一种不可思议的例外。

——豪尔赫·路易斯·博尔赫斯（Jorge Luis Borges）

“巴比伦的图书馆”（The Library of Babel）

刚开始在哈佛大学怀德纳图书馆（Widener Library）工作的时候，我就犯了一个错误：拼命地阅读。很快我就理解了尤金·甘特（Eugene Gant）——托马斯·沃尔夫（Thomas Wolfe）的小说《时间与河流》（Of Time and the River）中的主人公——在小说中的怀德纳书海之中徜徉时，所产生的那种强力晕眩的感觉：

> 现在，他晚上要去图书馆啃书，从上千个书架上把书抽出来读，就像疯了一样。这么多的书所表达的东西简直要把他逼疯了：读得越多，好像知道得越少——他读过的书籍数量在增加，但是与此同时，他这辈子永远不可能读到的书籍的数量也在增长，好像不可计数。……想到有那么多可能永 1

> 远都读不完的书……他疯狂地读着，上百本，上千本，上万本……还有很多书在等待他去阅读的想法，始终在折磨着他的心灵。他想象着自己攫取一本书内容的样子，就像是在撕扯一个家禽的内脏。

甘特的歇斯底里是任何人在图书馆里都会经历的矛盾反应。读者们在书海中摸索搜寻——拿起书来，估量它们的重量，赏鉴标题页上的字体和分布，审视别人留下的标记——知识本身却由此变得更加难以捉摸，那些未知似乎从书籍的封面和字里行间不断地发出呼唤。在图书馆里，书页翻动、封面摩擦的声音，大量书籍堆积在一起而形成的那种强烈的气味，或者仅仅是合订本的数量，一时间，会让读者从对一本书的专注中被唤醒，猛然间发现文字的物质属性。当然，在大型图书馆中，书本的物理属性给予人的体验是最强烈的，在那里，大量积累的文字似乎承载了全部的重力。很少有图书馆比怀德纳更大，不仅只有托马斯·沃尔夫，我自己和无数其他人也感受到了它的吸引，也被它迷惑。

哈里·埃尔金斯·怀德纳（Harry Elkins Widener），一位哈佛大学毕业生和藏书家，与“泰坦尼克号”一起沉没了，因他悲伤的母亲的捐献而建立起来的怀德纳图书馆，却成为一座伟大的永不沉没的图书馆。在这个十层的建筑中，有五十七公里的书架，足以容纳四百六十万册左右合订本。这些书架就好像用煅铁铸就的宏伟支架，承载着这座建筑的重量。毫不夸张地说，图书馆就是由它所有的书籍支撑起来的。它就是一座城邦，位于哈佛大学九十多个学院和系所联盟的中心，来这儿的人们不仅是图书馆员、赞助商和教授，还有木匠、快递员、厨师、会计、学生和兼职的书籍上架员、网站所有者、网络管理员和人力资源顾问。它拥有大约一千四百万册书籍，成为有史以来世界上最大的学术图书馆。

在怀德纳，积着厚厚灰尘的书山之中布满隧道：一条隧道通向政府文件的藏储之地，在这里，我看到了印度的人口统计材料，它记载着有多少房屋是用泥土和草盖成的，或者在北方邦和喀什米尔的每个村庄里，住着多少个编篮子的工人和制皮匠；另一条隧道通向戏剧部分和“X 藏室”（X—cage），X 藏室里保存着一些尺寸和版式奇怪，或者纸张脆弱不可以公开展示的读物，又或者是那些对不同时代的本科学生来说都过于淫荡露骨的作品。这里，堆积的小盒子里装着一些语言学笔记，笔迹流畅，它们源自一只19世纪的手；还有厚厚的文件夹里塞满了乔治王时代的打印文件和阿威罗伊斯（Averroës）*的影印手稿。那边有一些散碎的文件，包括反对移民的小册子和拥护纳粹的美国杂志——它们遭到封存并非是因为内容，而是因为那个萧条年代的纸张中所含的酸性物质正在蚕食着书页。在这个封闭的、来访者很少的角落，我看到了一本书，题目是《军用德语：一种“专业用语”的语言学习游戏》（*Military German: A “Lingo” Language Game*），它包括一盒非过滤嘴香烟盒大小的卡片和一本指导书，“在欧洲前线审问战俘需要一些特别的词汇”，上面说：“你可以通过玩卡片来学习它们，好好玩吧！”卡片上写着一些有用的短语，如“现在可不是争论的时候，给我滚出去！”（Das ist keine Zeit zum Streiten！ Raus！）和“尽管你说谎，我还是想再给你一次机会”（Trotz Ihrer Lugen，beabsichtige ich，Ihnen noch eine Gelegenheit zu geben）。用来对付日本人的那一本上则写着：“大部分语言手册都是写给旅游者的，但是这本不是，这本是为了让美国大兵和海员套出狗日的秘密来。”

不过，图书馆，特别是这么大的一个图书馆，绝对不只是好奇心的储藏室，它是一个世界，虽完整却永远无法完成。它充满了秘密，就如一片天地，有它的变化和季节，从而掩饰了那些整齐排放着的一排排的图书所隐含的永恒属性。

---

* 1126—1198年，穆斯林科学家。——译者注

5 受到读者阅读欲望的“重力”牵引，书籍像浪潮般地从图书馆涌进和涌出。在怀德纳，负责为书籍排列上架的人们谈论着图书馆的“呼吸”规律——学期开始的时候，书库把大量的书籍“呼”出去，好像巨大的旋转着的云朵；学期结束的时候，图书馆开始“回吸”，书本们又飞了回来。所以，图书馆是一个身体，紧密叠加的书页就如同那些看不见的器官。

怀德纳的书库多于其他任何地方，我这样安慰着自己：这个世界是由一种因素的无穷无尽的变化组合而成的，这个因素就是书——我，也是由书组成的，就像朱斯丕·阿西波多（Giuseppe Arcimboldo）的画作《图书馆员》（The Librarian）上画着的那个人。阿西波多的赞助人，布拉格朝廷的皇帝鲁道夫二世把理性和非理性、虚构和实证，不受局限地混淆在一起，还鼓励泰库·布拉赫（Tycho Brahe）和约翰尼斯·开普勒（Johannes Kepler）把炼金术和星相学结合起来。在《图书馆员》这幅画中，阿西波多揭示了这位皇帝身处其中的种种矛盾：一个由书籍构成的人，他不是一本书，而是一座图书馆。他的两腮和嘴唇是小尺寸的图书，在阿西波多的时代，这类小册子常常是祷词和颂诗。与之反差明显的是他的右臂，都是厚重的大部头。打开的书像扇子一样立在他的头上，上面的文字不是打印的而是手写的，这只有从上面才看得清。

图书馆中的一个个书库（不管是哪家图书馆的），给了我一个明确的印象：那就是上百万的书卷，可能确实囊括了我们人类所有的经历和体验。它们不是为了认识宇宙而创造出来的模式，他们就是宇宙的模式。沿着边角已经被磨破的大理石台阶翩然而下，直到这座建筑的最底层，在浓烈的书香氛围中一层一层地沉降，我常常会产生一种感触，那就是——外面的世界里所发生的一切，一定可以在这片书海之中找到一种与之相应的印刷文字的表述。真是很容易让自己陷入到这样一种神秘的亢奋之中，梦想着对这些书籍的重新组合和布置可以揭示宇宙的奥秘，好像有一种神圣的标识可以应和上帝的隐秘之名。

朱斯丕·阿西波多，图书馆员。

6 从不丹1983年出版的四十三本书中，以及在中国出版的三万一千六百零二册书中，又或者那座久被淹没的尼尼微*的亚述巴尼拔图书馆的三万块石碑，以及在亚历山大港，随着恺撒大帝的船只一起被焚毁的那三十万卷书稿，所有这些，可否令我们发现哲人石**的组成成分？在西萨摩亚***发行的八份日报，我们应该看哪一份？在亨利八世统治的那个多灾多难的时代，上帝之名是否通过那份从索尔兹伯里大教堂中被盗走的残破的手稿而落入了书籍装订工的手中？又或者正以代码的形式隐含在1996年伊朗出版的大约两千六百三十五本儿童读物里面？这种种想象中存在着简化的风险：因为如果这世界可以被浓缩成一个图书馆，那么为什么不能被浓缩到一本书中？为什么不能被浓缩成一个单词？

从1870年代到1990年代，哈佛大学以及其他地方的研究型图书馆的收藏增长了一百倍，有的甚至是一千倍。巨大的书潮引起了很多人的震惊和焦虑。这么多书——谁有时间来阅读他们？一本伪造的18世纪书籍《一位老图书馆员的日历》（*Old Librarian's Almanack*，实际上是20世纪初一位波士顿的图书馆员制造的一场文字骗局），盛赞了一位图书馆员的美德：他辛勤地清扫自己所管理的书籍上的灰尘，花时间阅读每一册书，读完最后一本时，就从头再来。在今天的研究型图书馆，图书馆员不可能用一辈子来完成这个任务，不，三百辈子也不行。况且，图书馆的收藏不是静止不变的。这座图书馆，跟其他任何规模的研究型图书馆一样，每年新引进的图书数量，都要多于我们一生所能够阅读的总量。美国国会图书馆——世界上最大的综合型图书馆，每天都要在它那五百三十公里书架上的一亿多册藏书的基础上再增加大约七千本书。如果加上我们每天用文字处理

---

* 古代亚述古城的首都，位于底格里斯河流域。——译者注

** Philosopher's Stone，西方神话传说中的一种神奇的物质，据说有点石成金和医治百病的功效。——译者注

*** 南太平洋岛国。——译者注

器、传真机和影印机制造的廉价印刷品，还有八亿多页在世界各地的网络上，很清楚，我们已被完全淹没了。

印刷品的泛滥迫使我们提出这样一个问题，怎样来为它们分类？直到 8
最近——我是说最近的几百年里，这对于图书馆的历史来说只是一个短暂的瞬间，图书馆员们可以把自己当作是斯多噶学派的塞尼卡*的追随者。他在《道德信札》(*Epistulae morales*) 中写道："重要的不是你有多少书，而是它们有多好。"塞尼卡的图书馆是一个崇尚标准的地方，我喜欢把这种图书馆称为"帕纳森"(Parnassan)，跟特尔斐（Delphi）一样，它是建在帕纳瑟斯山 (Mount Parnassus)**山腰上的神庙，祭奉着神圣的阿波罗和缪斯。因此，那里面的著作都经过精挑细选，其本质是优美（古典风格）或神圣（中世纪）。它象征着宇宙的模式，一种理想的美妙聚合。与此相反，在综合型图书馆里，书籍并没有被看成是珍贵和圣洁的结晶，至少一开始并不是，而是文本，是纤维被碾碎以后再以新的组合方式编织在一起的事物。就好比天空上的星星和林奈***眼中的鲜花，不是因为其特定的影响和品质而要得到赞扬，而是在受到关注之前必须首先被分析和分类。

脾气暴躁的塞尼卡为这样一种只收藏精品的"帕纳森"图书馆所订立的信条应该用大写的罗马字母刻在它们的大门上。托马斯·杰斐逊（他所捐赠的书成为弗吉尼亚大学图书馆和国会图书馆的典藏精品）为这些无尽止地搜刮囤积的综合型图书馆提供了一个与之相反的信条："一本图书馆的书……因此并不是一篇用来消费的文章，更应该是一种资本。"每一种类型的图书馆都表达了它们对书籍性质的认识，体现了它们的社会、文化和神秘的功能。然而文字对社会来说到底意味着什么：是上帝或者缪斯的呼吸？

---

* 3—65年，古罗马哲学家、政治家和作家。——译者注

** 位于希腊中部，古时被认为是太阳神和文艺女神们的聚居地。——译者注

*** 瑞典18世纪著名的自然学者，现代生物学分类命名的奠基人。——译者注

是美和高尚的所在？还是久久咆哮的商业旋风？抑或是这一切的汇总——这些都是图书馆所信奉的。总之，帕纳森与综合型图书馆可以在一个共同
9 的信念之下——尽管他们对书籍和文字存在上述种种不同的理解——联合起来，那就是斯特凡纳·马拉梅所说的，也很好地表达了我在图书馆里所获得的体验：“这世界上存在的每一个事物都将终结在一本书中。”

在《论文字学》（*Of Grammatology*）一书中，雅克·德里达（Jacques Derrida）最先提出：书写不仅仅是为口语服务的第二级符号系统，一种“描述的描述”，而是，简言之，它自己。他不需要舍近求远地到综合型图书馆之外去寻找证据支持，在这里，各式各样的文章的开头、结尾和版权页标记；右页和左页；手写文稿上的字体是安色尔字体（hands uncial*）还是贝内文托字体（Beneventan），抑或者是墨洛温王朝时期的扁长字体（Merovingian Compressed）；重写本抑或残本；是对开本、八开本还是十六开本的串线书帖；链线式的还是水印的；从古版书到光碟；从《法令大全》（*Pandectarum*）到《禁书名册》（*Index Librorum Prohimbitorum*）；以及主题、作者和标题卡片；从文献检索词到以苹果文档保存的文字；凡此种种，这片庞杂混乱的文字丛林完全呈现出了它们自己的生命力。

与其他中世纪时期的拉丁自然哲学家一样，罗格·培根（Roger Bacon）主张有三类物质具备魔力：香草、矿产和言语。而书籍正是这三者的结合，因为它使用了叶子中的纤维、绿矾和黑炭制成的墨水以及词语。在很多传统中，人们普遍认为：在这个世界上，书籍可以独立于我们而行动，拥有它自己的力量。大量的汇总、增加或者减少，被阅读又被忘记，图书馆的图书并不像是文本，更像一个实在的物体，呈现着它们自己的生命和历史。

我要举一个例子，在我工作过的一家图书馆，有这样一套书：1503年，

---

* 4至8世纪希腊和拉丁手稿中常用的一种大圆字体。——译者注

纳尼·米拉贝利的《什锦集粹》是一部印刷作品，但是这本《什锦集粹》却使用了圣歌的手稿作为装订材料。

在意大利的萨沃纳，印刷工人弗朗切斯科·德席尔瓦印制了第一版多梅尼科·纳尼·米拉贝利（Domenico Nani Mirabelli）的《什锦集粹》(*Polyanthea*
10 *opus suavissimis floribus exornatum*)，这是一部在当时广受欢迎的古典作家大辞典。与那个时代的其他图书一样，这本书在出售的时候没有被装订，都是松散的书帖。购买者带着这些刚刚印好的书页到装订者那里，装订者再根据客户的口味以及钱包的大小，或简单或豪华地把他们装订起来。学生们为了节省花销，就不把他们装订起来，这样几个学生就可以共享一部分的资料。相反，一位富有的收藏者会用镀金的真皮把书包装起来，再加以染色，以便与他那已经十分丰富的小图书馆般配。霍顿图书馆（Houghton Library）的这一套书，在过去五百年间的什么时候曾经被重新装订过，装订时用的材料全部来自另一本书，一本大概来源于前古腾堡*时期的圣歌手稿。它那牛皮纸上的三行五线谱精确地排列在这套书的各个边缘，使手写的和印刷的、飞扬的音乐和蠕动的文字交织在一起，呈现出一种并不那么舒适的亲密。

这种事对早期的印刷工人和装订工人来说很普遍。当国王亨利八世与罗马天主教廷决裂的时候，其修道院就迎来了不相信宗教的新的拥有者。他们迫不及待地把里面的书籍清空，好像通俗小说大甩卖一样，这些书籍的纸张和装订材料往往被用来制作新的图书。都铎王朝的几位大人物看到这样的破坏有些不忍。理查德·科顿，国王的心腹大臣之一，从装订处那里偷偷地拯救了大批的书籍，其中包括现存版本最早的一部《贝奥武甫》史诗集（*Beowulf* **）。同样的事情，在整个欧洲印刷时代的早期，经常发生。例如，现存唯一的老撒克逊方言（Old Saxon）的手写例证，就是在梵蒂冈图书馆的一本书中，用来防止变形的那部分装订材料上发现的。被抛

* ？—1468年，德国印刷工匠，发明家。——译者注

** 古代北欧传说中的英雄。——译者注

弃的文本和被认为不值得永久珍藏的东西——他们都是综合型图书馆的命脉，几个世纪以来就这样被持续循环地回收利用。直到本世纪之交，从任何一本法文图书书脊处看过去，透过包裹它的已经开裂的真皮表面，仍然可以看到广告宣传单上面的黑体字，那些广告单曾经被剪得一条条的，拿来装订书籍。

在活字印刷之前，书籍属于一种昂贵和特别的手工艺品，不断得到回 12
收和利用。真皮纸张上的字迹会从头到尾地被清除掉，例如：原本是一份无名的苏格兰庄园主的农奴名册，或者西塞罗（Cicero）在古罗马参议院谴责喀提林（Catiline）的讲稿，把上面的字迹清除之后，再用来书写新的文字，这种手稿被称为“重写真皮书卷”。这些被擦除的手迹的“魂影”仍然存在，有时候，在紫外线的照射之下，透过现有的手迹，还能分辨出它们来。

书中刻满了时光的印记。书籍的购买日期会被用印章或者铅笔记录在标题页的左页上，出借记录单上记录了书籍曾经何时、以什么样的频率被借走。从装订和纸张的情况看，岁月好像失去了它的直线流程，却展示出我们人类自己多变而又多方纠结的历史历程。最近出版的图书却让人担心会很快地坏掉——它们的硬纸封面受到了损毁，他们的书脊变得松散了，书页被撕掉或者被涂鸦。一些老的图书，正相反，即便是最常光顾的读者也没窥视过它们，书页还没被裁开，也没受到玷污。一旦有一天，有人从书架上把它取下来，一打开就会发出裂开的声音，跟它们离开装订车间时一样给人一种紧致的感觉。收费条已经泛黄、碎裂，看不出一个印章。编目卡记录了在岁月流逝的过程中，图书馆的收藏被利用的情况：常常受到光顾的卡片，因为要被人们用拇指拈拿，边角已经破损发毛，污迹斑斑；没有受到过光顾的卡片，则干净整洁地置身在众卡片之中，好像在享受着前后邻居们的庇护。当然，这些卡片大部分都不在了。现在，网上编目利用强大而富于魔力的数字网络记录着图书馆受到光顾的情况。这些系统不

仅记录了书籍的出借情况，而且还可以追踪到每一条目被查阅的次数，记
13 录下网络中每台终端的查询情况。

有人觉得网上编目数据库就像一个庞然大物，疯狂地伸展着它那古怪的触角，甚至可以让一位最不可一世的学者像傻瓜一样瞠目结舌。他们缅怀编目卡片的好处，以及代代图书馆员们的劳作和优雅的风度。如果我们注意到图书馆员们针对编目卡片的发明而提出的警告，就不会做出这么随便的评论了。埃德蒙·莱斯特·皮尔逊（Edmund Lester Pearson）早在1909年就注意到：

> 随着用来存放编目卡片的橱柜越来越多，早晚有一天，波士顿公立图书馆（Boston Public Library）与哈佛图书馆的图书编目将在哈佛桥（Harvard Bridge）上汇合的笑话就会成真。因为查阅图书编目卡而使人承受的身心疲累是很难被忽视的。
>
> 几乎每一天，在每一家大图书馆里，这种可怕的影响都存在着，许许多多苦恼着的个体在冥思苦想：到底托马斯·德坎西（Thomas De Quincy）这个名字是在标记着“德”的那个抽屉里面还是在“坎”的那个抽屉里。当他们终于做出选择的时候，又常常是错的，之后，他们只好痛苦地、紧锁着眉头冲向另一个抽屉……
>
> 不仅仅是编目顾问们的说法并不可靠，编目者们自己，整天坐在那里，专门从事编目排序这项大脑活动的人们，也会感到有些不知所措。就在不久前，他们的一群人聚在一起，立下一个可怕的誓言：如果他们不能一劳永逸地解决这样一个问题，就永不罢休。这个问题是：到底是用“农业部门”这个说法好，还是用“农业的部门”好。他们很清楚，很多

> 强壮的大脑都在这个地方触了礁，但是他们是奋不顾身的一群，一头就扎了进去。半夜了，他们还在争论，这场奋战持续到凌晨。最后，当黎明那微弱的曙光透过百叶窗帘的时候，它看到了什么呢？问题还没有解决，争论者们的观点还是没有达成一致，谁也说服不了谁。 14

这只是发生在1900年的一个综合型图书馆里的案例，当时这家图书馆的藏书是今天的研究型图书馆的百分之一。与其说皮尔逊的客户们和编目者们的焦虑跟图书馆的规模，或者说编目的性质有关，不如说是与综合型图书馆本身的抽象含义和概念有关。

分类系统记录了另外一个更加粗浅的层面上的细节。美国学术型图书馆采用了目前美国国会图书馆的标准的图书编目号码系统——那是一堆令人费解的、不近人情的数字和字母，充斥着僵化无趣的“科学性的”文献目录。在其他系统中，最著名的大概要数杜威（Dewey）的了。大多数图书馆都曾经拥有它们自己的一套图书编码系统。怀德纳的那套老的系统现今还能看到，保留了上世纪初规划时期对知识进行分类的轨迹。如“Aus”一项包括了与奥匈帝国时期（Austro—Hungarian Empire）的历史有关的书籍；“Ott”这一项是与奥斯曼帝国（Ottoman Empire）有关的。“Dante”、“Molière”和“Montaigne”，每项都有其专属的相关内容。

在综合型图书馆里，曾经的秘籍与通俗读物混在一起，完全不顾他们所产生的年代有着怎样的潮流和倾向。人们发现大量的、各种版本的莎士比亚作品的集注本肩并肩地排列在书架上，其中有这么一本明显地不那么著名，名字是《莎士比亚五行诗》（*Shakespeare in Limerick*），作者是布雷纳德·麦基，这本诗集是在收集英国中部埃文河（Avon）流域的诗歌作品之后，经过整理和修改在1910年出版的。下面就是麦基的《暴风雨》（*The*

Tempest）中的一段节选，真正的莎士比亚戏剧《暴风雨》中那位偏执的图
15 书馆员普罗斯佩罗根本无处可寻：

> 从前有个姑娘叫米兰达（Miranda）
> 她在调情，跟费迪南德（Ferdinand），
> 遭遇了沉船事故的王子
> 洗浴之后，在阳台上
> 与她下棋。

亨利·戴维·梭罗当年大概就是在哈佛戈尔堂（Gore Hall）的一个灯光昏暗的角落里，读着这样的打油诗道：“在一个记录着人世间所有智慧的图书馆里，却没有真正的记录，只是堆积，而且也不是真正的财富的累积。……莎士比亚和弥尔顿并不能预见到他们今天会与谁为伍。”梭罗——他观赏自然就好像是在观赏一座最宏伟丰富的图书馆，发现天才和崇高就是在最不关键的细节方面也会得到充分的表现，图书馆里的那一部分糟糕的书籍就如同冰雹，降落在文献的这个永恒的春天的清晨。然而，梭罗从举止诡秘的小松鼠和被觊觎过的苹果树上所发现的那些同样隐秘的奇迹在图书馆里仍然存在。难道人们必须做出选择：是选择那一组证明了莎士比亚的作品原来出自弗朗西斯·培根之手的命理学定律，还是选择从严密的编年史研究的角度将著作权归属于牛津伯爵爱德华·德维尔，又或者相信那些支持莎士比亚本人创作了莎士比亚戏剧的传记文学（数量要少得多）？不，在一座真正的综合型图书馆中，这些书在书架上必须排在一起，它们在一起时所讲述的故事不是它们各自单独时所能够讲述的。

纵览图书馆，我们很快就会得到一个明确的结论：大部分的图书都很糟
16 糕，实际上是非常糟糕。最糟糕的是，它们很平庸，它们无法超越其所属时

代的矛盾和困惑（就这一点来说，我确信这本书也不会例外）。这就可以理解，我们为什么要花费那么多的精力去搜寻那些非同寻常的书籍，那些可以打破范式的书籍。但是我们不应该忘记，这些并不突出的书本们可以帮助我们了解更多的文化历史——最终，要多于我们所珍视的那些伟大的书籍。在《欧洲小说地图集》（*Atlas of the European Novel*）中，佛朗哥·莫雷蒂认为："系列"，即独特的作品总是从中脱颖而出的那个年代的上下文，才是"文化生活的真正主角"。莫雷蒂承认："文献的历史如同规范的历史"，好像比我们所想象的"更少创新，更多平实"……但是，这正是生活本来的模样，与其排除文献学所有的平庸无聊的那一面，我们更应该去认识和理解他们的真正含义。

因为文化的完整性是由文献的整体来表述的，书籍的作者们凭借直觉意识到了图书馆的重要意义。图书馆涵盖了从莎士比亚到乔纳森·斯威夫特，再到翁贝托·埃科（Umberto Eco）等作家的作品。确实，图书馆是这样一个令人怀念的地方，甚至于成了一个必不可少的象征：很难想象一个哥特式的侦探小说中没有一座阴森森的图书馆（请注意图书侧边的硬度，只要用你的手掌拍打哪怕是最单薄的平装书的书脊，你就会明白我在说什么了。我曾经有过一个想法，写一个神秘的谋杀故事，武器就是一本书。对我来说，"妙探寻凶"[Clue]游戏最大的缺陷就在于你永远不能在图书馆里，用一本书对黄上校[Colonel Mustard]发动攻击）。图书馆对作家们来说是那么富有吸引力，以至于他们不禁要自己来虚构它们。这类创作的第一个例子就在拉伯雷的第二本书《加尔甘图阿与潘泰格如》（*Gargantua and Pantagruel*）中。在这本书里，潘泰格如拜访了巴黎的圣维克多图书馆（Saint Victor），有选择性地看到了这样一些书的标题，如《法律的遮羞布》 17
（*The Codpiece of the Law*）和《论拉屎的方法》（*De Modo cacendi*）。尽管想象力如此丰富，拉伯雷也没能穷尽这方面所有的形式。1610年，约翰·多恩虚构了一份图书目录；埃德加·爱伦·坡利用从一个图书馆中摘来的引文，为他的故事添油加醋，而那家图书馆仅仅存在于他的大脑之中；查尔斯·狄更斯在他位于加德之丘（Gad's Hill）的大宅中，在通往书房的门道边，摆放着一些只有书名和外壳的假想的书籍，如《国会关于如何使绵羊振作起来的指南》（19卷）（*Hansard's Guide to Refreshing Sheep*）。

或许最著名的虚构的图书馆出自博尔赫斯的短篇小说《巴比伦的图书馆》，作者本身就是一位图书馆员。他把宇宙想象成一个图书馆（又或者其实是把图书馆想象成了一个宇宙）。这个图书馆的构造令人难以想象地整齐划一，接近柏拉图式的理念，根据小说中的讲述者的说法，是“由数不清的，或者说无数的六角形展厅所组成的”。其中的四面墙每一面都排列着五个书架，其余的两面墙有门通向两个相邻的完全一样的房间。“也是在这里”，讲述者解释：“你会经过一道螺旋式的阶梯，向下深不可测，向上通向遥远的太空。”走廊两边都是镜子，讲述者推测这“代表和预示了”图书馆规模上的“无限性”。图书馆员们在其中走动的情况使我们可以确定这个模式是在被无限地重复着，无论是朝向哪个方位。但是图书馆中的图书形式却是限定好的——每本书四百一十页，内容的变化是由字母表中固定的字母数量来限定的。不过，生活在这个宇宙之中的图书馆员们是想象不出任何限定和边界的，这个宇宙，他们认为，一定是神奇而又无限的。

对于任何问题，这个图书馆都没有希望给出一个确定的答案，尽管它包含了对每个人，曾经生存或者即将来到这个世上的每个人的预言，还有对这个宇宙自身的起源和运行的理论解释，它一定还包含了数量上难以想象的真假难辨的陈述，人们无法从中将真实和固有的东西与虚妄和谬误区别开来。
18 图书馆员们或者成群结队或者像一位孤独的乞丐一样在其中游走着，有的在寻求那一本可以囊括所有书籍名录的书，有的在试图“澄清人性的根本奥秘。仍然有些人相信书籍是没有意义的”，只是原初的人类在徒劳地模仿神祇们的完美建树。但是，博尔赫斯笔下的讲述者却相信他已经发现了那一把通向这座图书馆的宇宙之匙，关于一切的最终理论。“这个图书馆，”他说道：“是循环无限的。如果一位永不停歇的游客想要穿越它的话，无论从哪个方向开始，经过了几个世纪之后他会发现同样的书籍以同样无序的方式重复着（不过既然是重复，也应该是一种顺序，一种特定的顺序）。”

作为图书馆员的博尔赫斯罹患了家族遗传的眼病，那层迷雾最终剥夺了他在书籍方面的视觉享受。庇隆政权下台之后，他升任阿根廷国家图书馆馆长，也就在这个时候，他完全失明了。

> 没有人应该看到自我怜悯或者责难
> 从这份庄严的
> 上帝的声明之中。他用一个优雅的玩笑
> 同时赐予我书和失明。

博尔赫斯视觉的丧失让我想起了莎士比亚《泰特斯·安德洛尼克斯》（*Titus Andronicus*）中的拉维尼娅，她遭受的伤害同样使她无法阅读。塔莫拉的儿子们强奸了她，还砍掉她的双手，割掉了她的舌头，让她失去了触觉和味觉。拉维尼娅的痛苦是震撼人心的，尽管莎士比亚热衷于这种虚构的、可怕的暴力描写（这一点进一步削弱了这部戏的价值，以至于莎士比亚的拥护者们长期以来都在试图证明，这部作品的作者另有其人，但是还没有成功）。她怀念词汇的味道；她无法讲述那个可以让她对施暴者展开复仇的经历，她的痛苦就表现在她的沉默之中。当她走进泰特斯的图书馆
的时候，他看到了她眼中的悲伤，让一个小男孩为她翻书页，不管她选择 19
了哪一本书。“在我的图书馆中尽情地徜徉吧，”他对她说，“以便忘却你的悲伤。”拉维尼娅与书籍之间存在着阻隔，对于这点我们可以感同身受，这种共鸣也足以激发我们的怜悯之心。但是对于拉维尼娅来说，她所渴望的

并非是书本带来的安慰，而是它们讲述故事的能力。因此，她选择了奥维德的《变形记》（*Metamorphoses*），她用自己的残肢将书翻到了菲罗墨拉的那一段。联想到菲罗墨拉遭到了忒瑞俄斯的奸污，泰特斯明白了她的意思，正义之轮至此开始旋转。

博尔赫斯与拉维尼娅一样，他们对于书籍的感官享受被剥夺了。但是他仍然与图书在一起，他跟阿西波多用画笔描绘的那个组合成的图书馆员一样，自己本身就好像一个图书馆。在“天赋之诗”（Poem of the Gifts）中，博尔赫斯提到：双目失明之后，图书馆中的书籍现在对他而言“与那些曾经在亚历山大消失的书籍一样，遥远而不可企及”。

就像博尔赫斯笔下的其中一位迷失的图书馆员一样，我在图书馆的虚幻与真实、荒唐与精髓、帕纳森与综合型交织错综的网络之中探索寻找。我之后所采用的方法类似于尤金 · 甘特：我随手拿起一本书——或许就是吉本（Gibbon）的《罗马帝国衰亡史》（*Decline and Fall*），这本书中的什么东西又把我引向卡利马库斯的抒情诗或者塞尼卡的书信。手指停留在书页之间，我追随着这样一条轨迹，从迦修多儒到弗朗西斯 · 培根，从哈里发奥马尔到乔纳森 · 斯威夫特再到约翰 · 斯图尔特 · 米尔。我从这里走到那里，在不同的书籍之间游走着，在书架之间流连忘返。很多地方的图书上都落着厚厚的灰尘，那些小窟窿则是由跟我一样对书籍感到饥渴的书虫们留下的。

尽管有这么多无拘无束的联想，我的探索是有一个计划的。我在寻
找图书馆的立足之地。当然，一份完整的图书馆的历史——关于所有地
方、所有形式的图书馆的翔实记录，将会有很多卷。我所寻觅的是那些转
20 折点，那些读者、作者和图书馆员们质疑图书馆的价值和意义的时刻。我
追寻着博尔赫斯，——那位失明的图书馆员的足迹，从书库中走出来又进
入到网络数据的旋涡之中，所经受的震惊却并未超过我的预期。这次的探
21 索，跟以往一样是随意的、浮想联翩的，也充满了意外。

二、火烧亚历山大

文法学者约翰是一位科普特牧师，公元641年，阿拉伯人入侵的时候，他住在亚历山大。对于他来说，穆斯林征服者阿姆鲁让人感到有些好奇。当约翰被这位将军任命为顾问的时候，他高兴地发现，这个城市的新统治者，并不像人们通常所认定的“野蛮人”那样，对音乐、诗歌和学术无比厌烦。很快，约翰的胆子大了起来（而且充满希望），甚至去问阿姆鲁，打算如何处置藏于“皇室宝库”——位于著名的托勒密宫殿里的图书馆中的那些“智慧的书籍”。毫无疑问，他希望这位将军可以把这个图书馆交给他掌管。这位将军回答说，无论如何，他首先得向哈里发奥马尔请示，否则他不能决定这些书籍的命运。那位穆斯林统治者的回答臭名昭著，以下引自艾尔弗雷德·J. 布特勒的书《阿拉伯人征服埃及》（*Arab Conquest of Egypt*）：

> 看看你提到的这些书，如果里面写的内容与真主的书（Book of God）相符，那么它们的存在是没有必要的；如果不相符，我们就不需要它们。所以，毁掉它们。 22

按照惯例，这些书卷被捆扎起来，当作城市浴室的燃料运送到各处，据说他们在锅炉中焚烧了整整六个月。

遗憾的是，这样一个浓墨重彩的、可以与《一千零一夜》相媲美的传说，只是有那么个影儿。事实上，我们今天所知道的这个故事可能是由一位叫做伊本·阿勒基夫提的12世纪的逊尼教编年史家杜撰的。根据埃及古典文献学家穆斯塔法·阿巴迪的说法，阿勒基夫提编撰了这个故事，是在为12世纪的逊尼统治者萨拉丁的贩书行为辩护。为了筹措对抗十字军的战争经费，萨拉丁卖掉了图书馆中所有的图书。尽管源自伊斯兰世界，这个故事却在西方代代相传，因为可以让人们对古希腊学术命运在异教东方的遭际发出感叹。

事实上，穆斯林统治者的军队在公元7世纪抵达亚历山大时，这座城市中闻名遐迩的图书馆已经见证了至少一次大火，或许更多。这里有两座图书馆，不只一座：一座大图书馆建于公元前3世纪，位于缪宇，或者叫做缪斯神庙之中，还有一个规模略小的“子”图书馆。后者建于其后的一个世纪，位于塞拉皮斯神殿之中。塞拉皮斯是希腊化的埃及神祇，也是兼容并包的城市亚历山大的守护神，是崇信神灵的托勒密王朝的国王们为他们自己创造出来的。两家的收藏都被置于皇家管辖区布鲁森之内，而且常常被当作是统一的实体而存在。出了皇家管辖区，大量的书籍在城市里随处可见，作为纸莎草纸工业的故乡，从城市诞生的那一刻开始直到公元3世纪，亚历山大一直是地中海地区图书贸易的中心。

公元前48年，盖乌斯·尤利乌斯·恺撒（Gaius Julius Caesar）前来帮助克莱奥帕特拉（Cleopatra）对抗年轻的托勒密十三世（此时这两座图书馆已经有近三百年的历史）。为了防止他的敌人从海上进攻和占领这个城市，恺
23 撒烧毁了在亚历山大港口停泊的船只。根据塞尼卡的说法，大概四万册左右的图书在经过这场浩劫之后荡然无存。但是也有一些权威人士坚持认为被烧毁的只是仓库里面等待上架的一些书，这些书实际上大概是根据恺撒的命令

要被运到罗马去的。即使塞尼卡的估计是正确的，四万这个数字，与人们所认为的单单缪宇大图书馆中就曾经拥有的七十万卷的藏书数目相比，也是微不足道的。有很多传言说：后来，又发生了几场大火。在恺撒死后到过亚历山大的人们证明了大图书馆的存在。斯特拉博在奥古斯塔斯[*]和耶稣诞生时期从事写作，他好像对运转正常的亚历山大图书馆很熟悉。传说认为马克·安东尼把珀加蒙王国（亚历山大城市的一个强有力的竞争对手，位于今天土耳其的伊兹密尔省）所有的图书送给克莱奥帕特拉，作为对她图书馆所遭受的损失的补偿，不过普鲁塔克[**]怀疑这个故事的真实性。斯威托尼厄斯写道：图密善，这位公元2世纪的罗马皇帝曾经雇佣亚历山大的学者们前往修缮在大火中遭到毁坏的殿堂图书馆（Palatine Library）中的文本，这个图书馆是由奥古斯塔斯创办的。这表明，当时在亚历山大存在着一个知识分子社区，他们掌管着珍贵的文本，可以用来复制书籍。好像到了公元3世纪，这些图书馆里尚有的一切遭到了彻底的破坏，当时布鲁森在奥勒利安皇帝与臭名昭著的巴尔米拉女皇芝诺比阿的战争中被夷为平地。在此之前，在基督教的统治之下，这些图书馆的情况已经在每况愈下。在文化上征服了异教徒、犹太人以及新柏拉图主义者之后，古希腊时期的图书馆的丰富收藏令基督教征服者们感到非常不快，公元4世纪，他们的愤怒终于达到了一个高潮：特奥菲卢斯，亚历山大的主教，希望在塞拉皮斯神庙所在的地方建一座教堂，于是，他纵容一伙基督教暴徒摧毁了这座异教的神庙，其中的藏书很可能亦未能幸免。 24
三百年之后，无论那位穆斯林统治者是否曾经下达那样的命令，有一点似乎是清楚的：亚历山大那些脆弱的纸莎草纸不仅仅被焚烧过一次。

不同于亚历山大的纸莎草纸书卷，更早的那些图书馆是无法被烧毁

---

* 即屋大维，罗马帝国开国君主。恺撒的甥孙、养子和继承人。——译者注

** 希腊历史学家。——译者注

的，因为那里面的藏书是写在陶土上的。美索不达米亚的文献可以上溯至公元前三千年，范围涵盖了诗歌、祈祷词、书信和账本等等。其所用的字体被称为楔形文字，是根据这种音节文字的形状命名的，它们是用尖尖的笔，镌刻在陶土板上面的一串串小小的、楔形的符号。陶土可以被晾干或者在窑中被火烧；这样做成的“书”尤其经久耐用，特别是在气候干燥的新月沃土湾（Fertile Crescent）地区。这些经久耐用的图书激发了人们建造图书馆的兴致，早在公元前3000年，位于今天伊拉克南部的尼普尔城中，一座庙宇的档案室里就存放着这样的陶土板。

两千年之后，在亚述巴尼拔二世统治亚述帝国时期，即公元前7世纪，美索不达米亚的图书馆建设达到了顶峰。在他的首都，当时就号称古城的尼尼微，亚述巴尼拔建起了一座大型的图书馆，其中囊括的陶土板达到了两万五千块之多。其图书馆也是文献档案馆，亚述巴尼拔的志向是广大的，他下令不仅要收藏预言、符咒和圣歌，而且还要收藏几种美索不达米亚地区语言的古代文献——亚述语（Assyrian）、苏美尔语（Sumerian）、古阿卡德语（Akkadian）、乌嘎利特语（Ugaritic）和阿拉米语（Aramaic）等等。这个图书馆似乎排列整齐，各种印在陶土板上的著作被分别捆扎起来，并用标签来提示其中的内容。同时，还有一个分类目录，记录了每个著作的标题以及陶土板的数量。遍布在美索不达米亚平原上的其他文献档案馆和图书馆也显示出了同样高的分类水平。在一些储藏室，陶土板被存放在做了标记的篮子里，它们的标题就刻在陶土的边缘上，便于快速识别和查找。这些伟大的、年代久远的古代著作留传下来的数目是惊人的：仅亚述巴尼拔图书馆就有大约两万块留存至今，现存大英博物馆。亚述巴尼拔的继任者们无法治理他所征服的广阔疆土，在他死后，帝国很快衰落下去，尼尼微也逐渐被人们所遗弃和遗忘。然而，即便今天，在美索不达米亚平原，一定还有更多的图书馆埋藏于各种传说以及古城的废墟之中，他们装点着亚述古国的风景，即今天的伊拉克，我们的精确炸弹或许正在摧毁着它们，而我们甚至不确定它们是否存在。

在尼尼微的图书馆化为尘埃之后的四百年，亚历山大大帝横扫了近东。公元前331年，为了庆祝他的胜利，亚历山大大帝决定在埃及的地中海沿岸建立一座宏伟的城市。据说他当时用面粉勾勒出了未来的亚历山大城的范围。根据一项当时的记述，一大群鸟从附近的马雷奥蒂斯湖（Mareotis）飞过来，在整个仪式上都跟着他，一路啄起他撒落的面粉。起初，这位征服者认为这是凶兆，直到一位手下幕僚指出这个现象的真正含义：那就是亚历山大城将要繁荣兴旺，并为它的居民们提供无尽的粮食和财富。不管怎样，是亚历山大选择并规划了他的城市，它的位置绝佳，不但是埃及在地中海沿岸最好的港口，而且是进入物产丰富的三角洲地区和尼罗河内陆的唯一通道。亚历山大死前并没有亲眼看到这个伟大的城市规划变成现实。这位年轻的征服者死后，他以前的手下索特尔将军*把这个城市当作托勒密王朝的首都，是索特尔规划设计了亚历山大图书馆的宏伟蓝图，使他和他的继承者们汇集和掌控了整个希腊世界的智慧。

跟当时所有的希腊文化机构一样，亚历山大图书馆从亚里士多德创立 26
的柏瑞泊泰克学院（Peripatetic School）那里获得了灵感。亚里士多德曾经是亚历山大的老师，其学校的名称旨在界定其理性哲学的追随者们。“柏瑞泊泰克”（Peripatos）这个词最初的意思是“漫游”，指的是亚里士多德的教学方法，这种方法源于他的老师柏拉图，而柏拉图的老师苏格拉底就是走到哪儿，教到哪儿——在路上，在年轻富有的追随者的家里，或者在雅典的集会和市场上。即使是在文字发达的希腊世界，口头传授仍然是他们的教学模式和规范。

---

* 即托勒密一世，于公元前310年割据埃及。之后托勒密家族统治埃及近三百年，开启了希腊文明和埃及文明的融合时期。——译者注

一些古代的消息来源声称，亚里士多德自己的图书馆被运到了亚历山大，成为亚历山大图书馆最初的收藏，为伟大的亚历山大图书馆的发展奠定了基础。不过，伟大的希腊地理学家斯特拉博似乎更了解亚里士多德图书馆的情况，他说亚里士多德的藏书被埋在雅典的一个地洞里，以免遭遇当时雅典的统治者——亚太利国王们的侵占，他们想利用这些藏书来充实他们在珀加蒙建立的图书馆。后来，这些受到了水浸虫咬的书籍被挖出来卖给了藏书家亚贝里康，他在整理和修订这些受到损害的图书时，也制造了很多错误。他的图书馆后来归罗马将军萨拉所有，他在公元前88年，从国王米特里达特六世的手中夺取了雅典。他把这个图书馆整个儿运回罗马，在那里，这些书籍被分拆，胡乱地复制，最后几乎全部失散。

尽管受到了亚里士多德思想的启发，但是，这个图书馆却在很大程度上与柏瑞泊泰克学院的组建模式不同。虽然它也旨在吸引学者和思想家，但是却没有设立任何正规的教学课程。这是学者们所能享受到的主要福利之一，因为那时与现在一样，知识分子们觉得教学本身是一项十分沉重的职业负担。在这里，皇家的津贴使学者们再也不必四处游走，招收学生，
27 而成堆的书卷为他们的研究工作提供了无尽的资源。

斯特拉博描绘了自己在亚历山大图书馆面对读者时的情景：室内成堆的书籍被一个开放通风的环形柱廊或者带遮阳盖的步行通道环绕着，在遮盖的荫凉处，学者们可以休憩，以便进行下一步的讨论和研究。这样的柱廊，呼应着柏拉图绿荫覆盖的园林，成为古代图书馆的一个标志，即使是更接近于现代风格的罗马图书馆，有着带桌椅的阅览室，柱廊仍然是它的一个特色。

当然，这些学者们并不会像我们所想象的那样读书，手抄本和装订书籍直到罗马的基督教时代才开始出现。亚历山大的图书馆，像所有古代的仓库一样，堆积着纸莎草纸书卷。纸莎草是尼罗河岸盛产的一种水草，与

陶土相比，纸莎草纸很脆弱，并很难保存。但是它原料充足，而且很容易制成可书写的媒介，写起来也轻松流畅。压扁后，植物中的液体成为一种胶质使纤维黏合在一起，最早的纸莎草纸制造者学会了怎样把单个水草的茎干剖开，把它们重叠排放在一起，再通过击打使它们成为特定长度的“纸张”。晾干后，被卷在一根轴上，称为一张“阿姆比利柯斯”(umbilicus)。亚历山大图书馆没有留下任何这方面的实物证据，而其他稍晚一些的图书馆考古发现也无法确认亚历山大图书馆是怎么排放和存取书籍的。根据当时的描述，我们可以得出几个结论：图书馆的书卷上挂有标签标明作者和著作的标题。这些书卷不同于手抄本，不能被立着排放在书架上，而是平着叠放在一起的。要提取其中的一个书卷，读者或者图书馆员必须搬开同一个架上的所有其他书卷。因此，只可能有一种普遍适用的排放标准。

缪宇的学者们在同一个餐厅中共享美食，亦共享财富，很像欧洲中世 28
纪早期的大学里的一些学者们。毋庸置疑，这些学者们享有极高程度的学术自由，托勒密家族似乎明白，只有血管里流淌着自由的血液，他们才可以最大程度地发挥有益的作用。这项特权似乎也适用于与王室打交道：当托勒密一世被自己在数学方面的进展缓慢搞得不耐烦的时候，他请欧几里得给他指出一条捷径，但是这位几何学家却肆无忌惮地回答：“几何领域里没有皇家大道。”在亚历山大工作的职位津贴成功地激起了那些遭遇排挤的学者们的愤怒：弗莱奥斯的提蒙*就冷嘲热讽地写道：那些“与世隔绝的书虫们”，被供养在亚历山大的“缪斯的鸟笼里”(我愿意相信正是提蒙的这些含混不清的隐喻使他无法参与竞争亚历山大的那些终身职位)。吸引学者们来到亚历山大，并邀请他们在浩瀚的书海中生活和工作，王室负责开销，通过这些，托勒密家族把图书馆变成了王室控制之下的一个智库。托勒密家族从来不曾丢失这一有着战略含义的知识垄断——特别是在

* 约公元前320—约前230年，希腊怀疑论哲学家。——译者注

医学、工程和神学这些亚历山大领先的领域。他们指示所有到访这座城市的人们的书籍，都要先送交图书馆复制（有时候原本也被留下了），并贴上“来自船上”的标签。为了阻止罗得岛*和珀加蒙的图书馆的发展，因为它们威胁到了亚历山大的地位，这个城市的统治者甚至命令禁止出口纸莎草纸。这一举动起到了相反的作用，因为它促使珀加蒙人发明了羊皮纸（charta pergamenum），因为它的坚韧和可重复使用的特性，成为欧洲之后一千多年时间里最受欢迎的书写媒介。

29 尽管有来自罗得岛、雅典、珀加蒙以及其他希腊文化中心的竞争，亚历山大图书馆在托勒密家族手中依然不断繁荣壮大。学者们的名字伴随着亚历山大图书馆那七十万卷图书传闻至今。欧几里得，很可能出生在一个尘土飞扬的埃及小村落里，就位于后来的亚历山大城所在的地方，在那里，他写作了他的《几何原本》（*Elements*）一书；阿基米德定居在他喜爱的锡拉库扎**之前，在这里度过了他的学生时代。埃拉托色尼***，斯特拉博和盖仑****都曾经依赖于亚历山大图书馆的丰富收藏。传说，在托勒密二世的动员之下，七十位犹太学者曾经聚集在图书馆将犹太教经文翻译成希腊文，《圣经旧约》的希腊文本就是这场奇迹的产物。亚历山大也是主张四海一家的希腊折中主义抒情诗派的故乡，其最著名的反对者，卡利玛库斯*****也曾经在缪宇做过图书馆员。他那一百二十卷精确的文献目录《丕那克斯》（*Pinakes*），意思是“表格”，对图书馆中大量的希腊文献做了分类。他的著作跟他的图书馆遭受了同样的命运，无一幸存。

---

* 位于希腊东南端的一处岛屿。——译者注

** 位于今天意大利西西里岛东部。——译者注

*** 公元前276？—前195年，古希腊地理学家、天文学家、数学家和诗人。——译者注

**** 约130—200，古罗马医师、自然科学家和哲学家。——译者注

***** 公元前310/305—前240年，希腊殖民地时期的利比亚古城昔兰尼人，知名诗人、批评家和学者。——译者注

公元1世纪，这个城市成为各种异教徒、犹太教、基督教和新柏拉图主义者进行文化角力的竞技场。我们今天所熟知的犹太—基督教共享宗教传统的说法就起源于亚力山大的折中主义。但是，图书馆却拥有更伟大的使命：它们致力于汇集所有希腊语的文献和著作，以及其他语言的重要著作。亚力山大城的第一座图书馆就具有这样的全球视野，再加上它的学者社区，几乎就是现代大学的原型。

亚历山大浩瀚的书海开创了一条获取知识价值的新路径，其目标是要包罗万象：从具有权威性的手稿，如《伊利亚特》(*Iliad*) 和赫西奥德 (Hesiod)[*] 的《工作与时光》(*Works and Days*)，到关于荷马的间接的、谬误百出而又模糊难懂的评论，再到那些被错误地署名是荷马所作的著作，还有那些指出这些错误的著作以及反驳它们的著作。为了进一步实践这个
目标，托勒密家族顺应了亚历山大人本质的直觉，那就是知识是一种资 30
源、一种日用品、一种这个政权乐于获取和储藏的财富资本。图书馆的集中与合并是为了给学者和王子们提供方便。但是大图书馆有它们的问题，特别在遭遇战争、灾害和衰变的时刻，它们的命运也就成为它们所收藏的文献的命运。我们今天所能看到的古代著作之所以能够幸存，大多是因为它们当初被保存在小的、私立图书馆里，这些图书馆往往隐匿在古代世界的一个不起眼的角落里，那些地方更有可能躲避狂热的收藏家以及王子们的注意。

综上所述，是最后这一方面，即私人读者和收藏者的需求和品位决定了什么著作可以幸存。在火灾、偷窃和审查之前，书籍的命运往往寄予在书中词语用法的不断迁移和转换上。亚历山大图书馆在规模上包罗万象，他们的图书馆员们却面临着艰难的抉择。手抄书卷的制作昂贵而费时，抄写员们可贵的劳动不能总是挥霍在不起眼的文本上面。古代图书馆的首要

---

* 公元前8世纪的希腊诗人。——译者注

职责是为读者提供有用的，并且愿意抄录的范本。当然，只有那些重要的著作才能被大量地抄写复制，其余的——那些次要的、不够经典的，或者被怀疑是伪造的，就跌出了人们的视野。

如果托勒密家族没有在亚历山大实行掠夺政策，没有从私人读者那里没收书籍，或者没有忘了归还从其他藏书处借来复制的书卷，很多失传的图书或许至今还完好无损。托勒密家族并没有致力于使他们那包罗万象的图书馆用来保存博大精深的学识，尽管我们今天所津津乐道的很多神话传说让我们相信它好像是那样的。图书馆为了迎合王子们、高官们及其附庸
31 者们残暴无知的内在本性所丢弃的真理，跟它所发现的一样多。图书馆的损失往往来自于其所谓的捐献者和保护者们的恐惧、无知和贪婪，贯穿着整个历史却明显不合时宜的官僚主义也在其中起了作用，野蛮入侵者的恐怖形象似乎也在推波助澜，最终只有灾祸才能导致戏剧性的巨变，从而终结那到处弥漫着的对堕落和衰败的恐慌。

亚历山大图书馆的命运或许不是那么惊天动地。几个世纪过去了，希腊逐渐分裂，人们对图书馆保存的内容越来越无动于衷甚至充满敌视。古希腊人，在任何意义上都不能算是语言学方面的巨人，混杂着科普特语（Coptic）、亚拉姆语（Aramaic）、希伯来语（Hebrew）、拉丁语（Latin）和科依内语（Koine）以及通俗希腊语的基督教亚历山大时代对于他们来说变得越来越费解难懂。因为无法理解，经过了几代人的忽视，书卷遭到湿气和干燥的交相侵扰，以及在图书馆里滋生繁衍的各种恼人的动植物的蚕食，偷盗、失散，还有焚烧，它们逐渐被教堂神父、教会大师们的作品以及日益衰败的罗马世界寡淡的文学所取代。追忆的视线只是聚焦在历史的转折点，这样就把狄奥多西（公元6世纪）与克莱奥帕特拉和阿基米德（他们分别生活在公元前1世纪和2世纪）置于同样的境地。亚力山大的书籍去哪儿了？对于图书馆员们来说，它们真实的命运是不言而喻的：许多许多

世纪在它们身上留下印痕——太多了，以至于它们的流散和消失难以避免，无论是谁垄断了纸莎草纸，无论是哪一伙暴徒在街上发动了暴动，亦无论是哪一个皇帝最终点燃了大火。

在亚历山大以面粉筑墙环绕他的城市的一个世纪以后，秦始皇却开 32
始用石头垒砌的城垛连接他那遥不可及的要塞，这被称为中国的长城。根据史书记载，始皇帝接下来焚烧的图书涵盖范围之广世上无人能及。他的目的，是要摧毁秦朝建立之前的所有文学、历史和哲学著作。当他死的时候，有六千个陶俑武士陪伴着他，与他一起埋葬在一个宏伟的墓地里，这个墓地位于中国的中部，靠近今天的西安市。那里没有传统的儒家学者的雕像，根据历史记载，他们被活埋了，就在他们的书籍被焚烧的时候。

始皇帝（他为自己选择的称号）出生于公元前3世纪，就是我们今天所说的战国末期，一个统一的中国出现以前。他的父亲是秦国国王，那是位于中国西北边境的一片多山的土地，在地形和文化上，跟始皇帝后来筑城墙防御的“蛮夷”相差无几。这位未来的皇帝出生时名字叫做赵政，当时，他的父亲在赵国做人质。这或许也解释了他的儿子日后不但要毁掉赵国，还要消灭其他五个诸侯国的执著。这些诸侯国的精英们是传统的儒家学者，对他们来说，个人美德以及对传统的保护是文明社会和王室权威的基础。与此相反，秦国的领导者和学者们却认为人是自私的，他们需要用最严厉和明确的途径来加强统治者的权威，因为人生来就是要反抗统治的。赵政十三岁时，继承了他父亲的王位，在随后的二十六年的时间里，他驱使他的“黔首”——他对中国老百姓的称呼，不停地征战，直到最后，其他六国国王投降，他们的国家也被并入了他的强大统治之下。

不管史学家们如何神化始皇帝的功绩，但毫无疑问，他的狂妄自大在 33
各方面都表现得淋漓尽致。他相信他的权力涵盖了整个自然和天空。当他与他的随从们从泰山上下来时，暴雨大作。皇家侍从们在一棵松树下发现了躲雨的地方，出于感激，他赐予这棵树一个封号，叫做“五大夫松”。还有一次，他正沿河而下，一阵风吹来，使皇家的船只几乎无法航行。了解到他们刚刚经过了一个寺庙，是为纪念一位公主而建的*，他把这次自然的冒犯归罪于是她的魂灵在作祟。作为惩罚，他下令砍光这座祠庙所在的山上的所有树木，并将山体涂成红色。

受到这种从未有过的新生权势的吸引，传统的学者们云集在帝国的宫廷之前，警告皇帝如果不遵循古代帝王立下的规矩会后患无穷。但是他们完全想错了，因为这样做，他们冒犯了他，他的王朝代表一束全新的曙光，其实力和面貌史无前例。他的丞相李斯——其法家学术主张曾经遭到儒家的斥责，利用这个机会打击他自己的对手：“陛下开创的这个伟大的基业将万世流传，这不是愚蠢的儒生所能理解的。”丞相的话顺了皇帝的耳朵。正如公元前1世纪的史学家司马迁所讲述的那样，李斯严办了这个案子：

> ……异时诸侯并争，厚招游学。今天下已定，法令出一，百姓当家则力农工，士则学习法令辟禁。今诸生不师今而学古，以非当世，惑乱黔首。丞相臣斯昧死言：古者天下散乱，莫之能一，是以诸侯并作，语皆道古以害今，饰虚言以乱实，人善其所私学，以非上之所建立。……臣请史官非秦记皆烧之。

34 司马迁向他的读者们确认，这位皇帝全心全意地认同这“一项帝国的新规定”，他进而平静地写道，秦始皇“批准将这一提议付诸实施”。

他们或许大烧特烧了一场。在中国，直到公元2世纪才发明了纸张，之前，丝绸经常被用来作书写的媒介。典型的古代书籍是像百叶窗那样用

---

* 即湘妃祠。——译者注

丝线串联起来的木片或竹片。每一片上写有一行汉字，竖着读。这些用薄薄的长条形的东西组成的书籍也决定了几个世纪之后中国人在纸上的书写习惯（历史上，中国人采纳了多种书写和阅读模式）。这些书被紧密地卷起以便储存。公元前1世纪（焚书之后的两百年），呈给皇帝的一份奏章提到皇宫内用来储存图书的广阔空间，在那里，单单《管子》一书就有四百八十四捆竹简。

焚书之后不久，两位方士不满皇帝在朝廷之外禁止巫术和学术活动，相约逃亡，为自己去寻找长生不老的草药。震怒之下，皇帝命令对这一事件进行彻查。根据汉学家马丁·克恩的叙述，这次清查不仅牵连了正统学者，还有医生、占卜师、释梦者。据司马迁所说，有四百六十多人被处决了。他所用的“坑”这个词，通常被翻译成“处决”，但是他的字面意思
是“活埋”。司马迁为概括这两起事件所用的词组“焚书坑儒”，即焚烧图 35
书，活埋学者，言简意赅，被其后历代的学者们反复使用。

这个故事也吸引了博尔赫斯，他好奇于焚书和筑长城这两起事件竟然是同一人所为。在他的文章《长城和书籍》中，他议论道：

> 这两项艰巨的任务——抵御蛮夷的五六百里格*石墙，和残酷地抹杀历史，也就是抹杀过去，这两项工作是同一人所为，从某种意义上说，他的个性莫名其妙地令我激动兴奋，同时又感到困扰……或许城墙就是个隐喻，或许始皇帝要用这项跟过去一样庞大、一样愚蠢和无用的工程来谴责那些热爱过去的人们。

这个故事的寓意也在“文化大革命”中得到了运用，支持人民共和国

* 里格，长度单位，约3英里。——译者注

的学者们把它作为革命者对付反动精英的有益借鉴。这就难怪始皇帝焚书的故事，与亚历山大图书馆一样，有很多虚构的成分。

尽管一些书籍遭到了毁坏，一些学者受到了迫害，但是司马迁好像在程度上有些夸大。不管怎么说，秦朝对书籍采取的措施比史学家们所说的“焚书坑儒”要复杂得多。1975年，在一个秦朝墓葬的考古发掘中，发现在其中一口棺木之中，掺杂在一堆骸骨之间的是一千一百个竹片，它们都是法律文本，死者大概是位法学家。另一位学者则把自己的日记卷起来当作枕头而安息在上面。对秦朝的精英们来说，书籍是很重要的，在整个始皇帝统治期间，他们都没有停止阅读和写作，不然的话，这些学者们被埋葬的时候就不会如此彰显他们与书籍之间的关系。

在始皇帝统治期间，不仅学者们依然表现活跃，而且始皇帝也毫不犹
36 豫地利用他们的学识来为自己的统治歌功颂德。公元前219年到210年之间，这位新皇帝巡视了刚刚征服的东部地区。在出巡期间，他跟他最亲密的幕僚来到一些山顶朝圣，在那里竖立石柱，在上面刻写文字来赞美他的功德。七个留存至今的石柱上的文字，或明或暗地表现了儒家的传统。马丁·克恩对这些文字的翻译既准确又优美，每一个简洁的、四字一行刻写出来的句子都可以追溯到传统的源头。琅琊山上的刻石这样写着：“皇帝之功，勤劳本事，上农除末。”克恩认为这里所指的就是始皇帝对学者的镇
37 压。至少从他刻写石柱以便传播其功绩这一点来看，始皇帝并没有试图抹煞历史的权威性以及历史文本的传播。正相反，他所采用的这种为其歌功颂德的文体，正是人们普遍认为他试图要摧毁的。

根据克恩的说法，在这些刻石，以及钟磬、罐子和青铜器上刻铸的秦朝廷诗歌和颂词上，儒家思想得以体现，说明古老的学术在始皇帝统治期间得以存续。那些被焚烧的图书，很可能是民间学者出于某种原因不愿服从命令上缴给秦朝廷权威部门的部分。这也是那些学者、方士，以及其他知识分子

神父们焚烧阿兹特克语图书（右下方的神职人员用手抱着书）。

像陶俑一样被活埋的原因。这位皇帝看起来不仅是要控制正统的学术，还要掌控全部的知识领域，医生和方士们在帝国的掌控之外从事活动会威胁到皇帝的世俗权威。始皇帝和埃及的托勒密家族似乎都意识到，对知识的垄断与帝国对稻米和丝绸生产的控制一样重要。秦朝时儒家的教条比以往更加紧凑和连贯，尽管我们有理由对于皇帝所选择的编改措施不以为然。

秦朝的命运并不辉煌。始皇帝死于镇压农民起义的归途中。仅仅三年之后，他的儿子和继承人就遭到了谋杀。帝国瓦解，进入了农民首领与封建割据势力的混战争夺之中。农民领袖们最后夺取了胜利，在残暴的秦之后，建立了汉朝。当未来的皇帝刘邦的父亲被他的对手绑架，对方威胁要活活地煮了他的时候，这位领导者显示出一种粗俗而无畏的气概，要求煮好后分给他一碗汤。

汉朝一旦建立，消灭了所有的对手，他的贵族和大臣们就开始在学术思想界寻求其存在的合法性。儒家学者们为他们提供了这方面的帮助。他们认为，汉朝的权威必须建立在捍卫和维护遭到始皇帝和李斯压迫和摧残的正统学术上面。这些学者们不仅提供了用来在仪式上宣读的辞藻，以及朝政咨询，他们还为起义夺权者提供了合法性。秦始皇的许多功绩——强化中央集权，结束了战国时期的混战局面，以及备受赞扬的统一度量衡、货币和车轴标准的事迹统统被忽略，而他的暴虐——在这一点上其实他与其他国王并没有太大的区别，却被渲染成是史无前例和不可饶恕的。新皇帝的大臣陆贾在他的奏折中议论道：经过秦的残暴之后，只有采纳儒家的圣贤之道——这大概不包括偶尔用父母做原料来烹调一道菜，才能保证汉帝国永远统治下去。陆贾当时没有引用后来被当作是秦始皇统治特点的那
38 个典故——焚书坑儒。

后来的儒家学者们在为帝国服务的同时，为了争取获得显著的地位，开始寻求建立一个可以穿越激烈动荡的战国与秦政权交替时期，而追溯至孔子

的文本传统。这个担子落在了司马迁的肩上，这位汉代的儒者怀着强烈的愿望要否定始皇帝所做的一切，并将之永久地载入史册。这位中国的希罗多德司马迁写作了伟大的《史记》，这是一部包罗万象的中华帝国的历史书。尽管它不是中国历史上规模最宏大的一部书——公元15世纪的百科全书《永乐大典》有两万两千多卷，但是它在内容上也几乎是无所不包。如果考虑到它是被写在窄窄的竹条上这一点来说，其规模是巨大的。汉学家格兰特·哈迪这样描述："一个人的双手不可能把《史记》的最原始的版本捧起来，实际上，需要一辆车才能把它都装起来。"在书里，司马迁讲述了丞相李斯制定的法令，还叙述了四百六十位学者被活埋的史事。一个活灵活现的故事就这样诞生了，这是一个经过修饰的事实与符合实际的想象的结合。通过焚书坑儒这个故事，司马迁谴责了秦王朝对书籍的践踏，从而恢复了学术在帝国的权威地位，使其在享有权威的同时还享有自由，不然的话，这两者就无从谈起。没有焚烧图书这个故事，很多书都不可能问世。

司马迁用单薄的竹片和墨水做到了始皇帝的石刻和青铜钟磬都无法做到的：它讲述了一个真正的帝国的诞生，并使其成为事实。从某种意义上来说，中国中世纪知识分子的历史就是永久留存与瞬间即逝之间的搏斗。石柱和青铜器上的铭文，虽然象征着国家的政权，但是，与学者、僧侣们在丝绸和竹板上的书法相比，后者更有说服力，因为书写者们在不停地写着，他们负责档案的管理，因此他们更了解这些故事，而且不会停止讲述。 39

就司马迁来说，他对始皇帝最微妙的诋毁来自于对他的赞扬，因为他在赞扬他的时候总是把他跟秦以前的统治者和古代的帝王相比。当然，这些赞扬都遵循了正统学术的保守形式，但是，鉴于始皇帝与正统之间捉摸不定的关系，这种传统式的赞扬势必带有一种讥讽的语调。对汉帝国天赋权威的肯定最终并没能帮到他，因为为一位受到谴责的大臣辩护，司马迁不得不在宫刑和死刑之间做出选择，所以他成了一个太监，还被迫把他自己的书埋在地下，以便它们免遭帝国专制政权的禁毁。

即使在汉朝，正统学术的价值得到了肯定，但是对书籍和学者的迫害和威胁依然存在。为了应对这些威胁，学者们找到了一种相对于竹片和丝绸来说可以更长久地保存自己作品的书写媒介。在秦朝崛起与纸张问世之间的那几个世纪里，学者和僧侣们建起了一种新型的图书馆，并使之遍布中国，这种图书馆不惧大火和埋葬。公元550年，大量的佛经出现在中国湖南房山*，形成了一座庞大的图书馆。四百二十万字的收藏，是当时中国最全面、最权威的佛教经典集中地之一。但是，房山图书馆没有一本图书——没有一个丝绸书卷，连一个纸片也没有。佛经中的文字被能工巧匠们刻在石柱和洞窟的墙壁之上，一个字有一英寸大小。当然，石刻作品并不是什么新鲜事，秦始皇的山顶刻石就是见证。但是如此系统地收藏和保存经典的石刻文本却是一种独特和显著的进展。佛教的教义出现于公元1世纪，汉朝晚期，佛教徒们
40 意识到石刻的文本可以让人们在上面摩拓，从而为信徒们提供完好的拓本。今天，这样的石刻图书馆或者说“石林”在中国到处都能发现。石头上面黑色的墨水印痕，是多少个世纪的摩拓遗留下来的，确凿无疑地向我们证明，百万甚至亿万的廉价图书正是以这种方式被生产制造出来了。虽然道家和儒家也在利用这种方式，但是石刻对于佛教徒们来说尤其重要，他们的实践后来促成了印刷术的发明（公元11世纪以前，中国在这方面的技术处于领先地位），它预示并反映了印刷术在15世纪的德国被重新发掘的重要意义——它对于宗教改革运动和欧洲文化发展的重要性。

神话也好，现实也罢，焚书者们有他们的理由。焚书事件通常是突发性的，就像恺撒在亚历山大港将他的船只付之一炬。有目的的焚烧图书一般出于两种原因：一种是试图改革和修正，比如秦始皇的所作所为；还有

* 原文如此。错将北京的房山错误地写成在湖南，始刻时间应为公元605年—617年。——译者注

一种事例源于伊斯兰教的出现，当《可兰经》的信徒们焚烧被他们视作荒谬的其他宗教文本的时候，其行为可以说是在进行一种宗教仪式，信徒们满怀对宗教的虔诚将图书投入熊熊火焰之中，他们恐惧的是这些充满“谬误”的页面上所包含的真理。还有一些图书遭到焚毁是为了把它们的作者和读者们从历史的长河中抹去，就好像墨西哥的征服者们所作所为的那样。

荷南·科尔蒂斯攻陷了特诺奇蒂特兰城*之后，对墨西哥的征服就变成了一场书本之间的博弈。具体来说，就是墨西加人**书写的历史与基督教圣经之间的对决。在中美洲，有关书籍书写和制作的技术至少在哥伦布到达美洲之前的一千年就出现了，在那时，就已经达到了十分精致和复杂的程度。玛雅文字或许是中美洲最复杂的书写系统——一个字符可能就是一个历法名词，或者是一个名字，又或者是一个音节中的一个音符。书写材料也是五花八门，从石头到动物皮革或者其他什么的都有。阿兹特克人（Aztecs）***用一 42
种特制的鹿皮或者用龙舌兰的植物纤维制成的纸张来书写，在上面用精致的毛笔涂画出颜色鲜亮的字迹。书籍的封面通常用美洲虎的皮制成。

墨西哥被征服之后的几个世纪以来，学者们对中美洲的象形文字通常持一种鄙视的态度，声称它与埃及的象形文字相比，“很不发达”。但是，随着古抄本和石刻文字不断被破解，人们越来越清楚地意识到，早期欧洲批评者们的认识并不准确。例如，被纳瓦特尔人****称作“特拉圭罗利”（tlacuilolli）的图形文字，戈登·布若斯顿就认为它“把文字、艺术和数学这些被我们当作各自独立的概念融会在一个形象的表述之中”。从概念上来说，中美洲文字在简单的外表下隐藏着深刻的内涵。大多数阿兹特克人

* 该城市位于墨西哥峡谷，建于1325年，曾经是阿兹特克帝国的首都，1521年被西班牙人占领。——译者注

** 居住在墨西哥山谷的土著人自称，西方历史界又将他们称为“阿兹特克人”。——译者注

*** 墨西哥印第安人。——译者注

**** 墨西哥及中美洲包括阿兹特克人在内的印第安人。——译者注

的历史都建立在中美洲最基本的秩序体系——历法的基础之上。这些有关历法的纪录综合了历史、预言、传记和神话，反映了中美洲的宗教世界及其历史细节。尽管有其他类型的书籍：如一本值得注意的植物书（包含了可用植物的名字和对它们的描述）和一本阿兹特克帝国的税法，它们在少数幸存的西班牙人征服前留下的图书之中。但是，阿兹特克图书馆主要的图书是历法方面的，这些图书因为其包含的宗教内容及其提供的预言方面的影响力而备受崇敬。

认识到这些图书对墨西哥的祭司和贵族们的重要性，征服者们四处搜寻，把他们能够找到的这类图书都统统烧毁。墨西哥书写员们意识到他们的历史处于即将遭遇毁灭的危险之中，于是就秘密地制作手抄书籍。西班牙人在一个世纪的时间里都没能将位于瓦哈卡山区的最后的书写学校连根清除。只是西班牙神父们肩负着坚不可摧的使命：要让整个中美洲皈依基督教。因为无法将那些富有历史价值的阿兹特克书籍与它们所能产生的宗教方面的威胁完全分开，所以他们就将在各地发现的所有书籍都统统焚毁。

43 没过几年，他们就意识到自己的行为有多么愚蠢。因为失去的那些阿兹特克图书包含着历史、民族人种和中美洲语言等各方面的信息，这些信息对于促使墨西哥文化向基督教演变来说至关重要。墨西哥历史学家米盖尔·莱昂鲍蒂亚做出了具有开创性的学术成就，根据他的说法，在征服之后的几年里，传道士们开始教阿兹特克贵族用罗马字母来书写纳瓦特尔语。其中有几位经过训练之后与欧洲人合作，开始创作结合了前哥伦布时期的象形文字与欧洲语言文字的书籍。其中最伟大的一部是弗兰西斯坎·波纳迪诺·德萨哈贡所写的《新西班牙通史》(*Historia general de las cosas de Nueva España*)。这是一部规模宏大的中美洲文明百科全书，内容涉及阿兹特克的历史、种族、宗教和医学。是一本独特的中美洲和欧洲传统手抄书籍的结合体，这本书现存最好的版本被称作佛罗伦萨古抄本（Florentine

Codex），因为它被收藏于意大利佛罗伦萨的劳伦蒂安图书馆（Laurentian），这座图书馆由科西莫·德·美第奇创办，由米开朗琪罗设计。

但是西班牙人并不是第一个在墨西哥山谷焚烧图书的人，阿兹特克人自己找到了如何装订图书和如何摧毁它们的方法。特诺奇蒂特兰城的阿兹特克统治者们的祖先来自于墨西加游牧部落，仅仅在西班牙征服者到来之前的一百年才从北方大批迁徙过来。当这些墨西加人巩固了他们的统治之后，就开始在这片领域扩大他们的影响。他们的祭司们意识到他们那段野蛮游荡的历史并不光彩，于是就将自己同化成阿兹特克人，并为墨西哥山谷建立了一套新的贵族秩序、新的税法和新的神权政体。这种彻底而迅猛的同化需要借助于对历史的重新书写，于是，以前的图书就被搜集起来统统烧掉。这个决定是由第一位阿兹特克皇帝伊兹柯阿特尔亲自做出的，他也参与了新故事的编撰，还为经过篡改和修饰过的阿兹特克人的过去写了赞美诗。这本新书在阿兹特克的祖先们成功地赢得政权这一点上没有留 44
下任何疑惑。这也不是阿兹特克的写手们最后一次修改和润饰他们的历史。在与传道士们，比如神父波纳迪诺那些人合作的过程中，他们再次重塑了这一失落的帝国的编年史。他们在其中用神话式的语言植入了一些可追溯的征兆和预言，“预言”征服者们的到来。就这样，他们满足了新统治者们的虚荣心，不过与此同时，也验证了他们所被迫放弃的那个复杂野蛮的宗教的权威。

焚书事件具突发性、篡改性，以及广泛性，古罗马人对此了如指掌。他们的神话甚至提供了文明可能诞生于对书籍的焚烧的可能性。在古罗马帝国起源的神话中，有一些是关于库迈的西比尔的，这位女先知被说成是很多预言书的作者，她的预言预告了罗马帝国的荣耀，只是这些书大多被她亲手烧毁了。作为一个少女，她竟然对魅力非凡的太阳神阿波罗表示轻视，后者报复她的手段就是满足她对永生的渴望，但是青春却不会永远跟随她。因此，她随着岁月的流逝而逐渐老去，因为浑身的瘤子和再也无法直起的腰身而遭遇冷落。阿波罗显然还是同情她的，赋予她预言的天赋。她坐在库迈岭的一个山洞中，在棕榈树叶上写下玄妙的天机，以此来度过漫长的时光。在维吉尔*的故事中，埃涅阿斯**在库迈上岸，前去拜访西比尔，她向他传达了关于未来罗马的神奇而又可怕的预言。在西斯廷教堂，米开朗琪罗所描绘的先知画像中就包括了库迈的西比尔，他描绘了她戴着头巾的头部，布满皱纹的脸，只是她双臂间的预言书却不但厚，而且光滑齐整，好像经过石匠的打磨。

我个人最欣赏的一幅关于库迈的西比尔的绘画作品位于梵蒂冈的西斯提偌大堂（Salone Sistino）之中，位于米开朗琪罗名作所在的大厅的下面，这
45 个金光闪闪的房间曾经是梵蒂冈图书馆的中心。实际上，现在访客们离开西斯廷教堂时所经过的那个大厅曾经就是图书馆。绘着图画的壁橱整齐地镶嵌在墙壁之上（“你说那里面是不是放着神父们穿的大袍子。”我听到旁边的一位游客这样问他的妻子），里面曾经放着书籍。西斯提诺大堂的系列壁画描绘了古代许多伟大的图书馆以及焚书事件。这幅画描绘了这位西比尔向早期的一位罗马国王——大无畏的塔奎因售卖她的九本预言书，她的形象被雕绘于棕榈叶书籍之间。当塔奎因拒绝了她的条件时，她就将其中的三本书投入火中，然后继续以原来的价格售卖剩下的书，却再次遭到了这位国王的拒绝。当这位库迈的西比尔将另外三本书投入火中之后，头脑简单的塔奎因终于有点儿坐不住了，买下了剩余的三本书。梵蒂冈的壁画所展示的是这样的情景：塔奎因对着一摞摞进入火炉之中的图书表现得惴惴不安，一位非同寻常的年轻的西比尔却漫不经心地站在他的面前。这个神话的结尾是这些剩余的图书被置放在罗马广场，直到公元4世纪，它们都在那里，供罗马帝国的

* 公元前70—前19年，古罗马诗人。——译者注

** 传说中的特洛伊战争中的英雄和古罗马的创建者。——译者注

皇帝们在绝望的时候来查询。后来，不知什么时候开始，它们不见了，也许只是丢失了，也许某个面带微笑的野蛮人或罗马将军开玩笑地将这最后三册书送给他们的姐妹们了。直到今天，这套“西比尔之书”（Sibylline Books）的确切内容是什么仍然是个谜。从被引用过的几个片段来看，它们似乎包含了一些用希腊语所写的意义含糊的格言——这些对于面对着瘟疫、暗杀或蛮族入侵的皇帝们来说也算是一种冷酷的慰藉吧。

尽管西比尔是一个传说，但是她的书是真实存在的。先是被放置在罗马广场，后来被安置于奥古斯塔斯创办的宏伟的殿堂图书馆的阿波罗神像下面。事实上，这标志着罗马图书馆时代的开始。在罗马，直到盖乌斯·尤利乌斯·恺撒的时代，大部分图书还是掌握在私人手中。一些大型 46
图书馆的拥有者，如西塞罗，只与朋友和手下精英们分享他们拥有的图书。恺撒发明了类似于我们今天的公共图书馆的概念。遇刺前，他正计划着为城市建立一座图书馆。恺撒死后，他的支持者阿西纽斯·波利奥和作家瓦罗，[他关于图书馆管理方面的论著，《图书馆》（*De bibliothecis*），没能留存至今] 继承了他的遗志。公元前39年左右，在广场建成了罗马第一个公共图书馆。根据恺撒的意愿，他们在图书馆里建了两间阅览室：一间是拉丁文图书的，另一间是希腊文的，并以知名诗人和演说家的雕像作为装饰。这成为后来罗马图书馆所遵循的模式，从奥古斯塔斯和图拉真*的大型帝国图书陈列馆到比较朴素的公共图书馆以及一些地方城市的小型图书馆，无不采用了这一模式。这也标志了罗马图书馆与希腊模式的彻底分离，后者的原型位于亚历山大，没有上文中所提到的那种阅览室。罗马图书馆这种双语的特性体现了罗马人所建立的地中海传统，而对读者阅读体验的重视则体现了它的共和本质。

无论是在图书馆建设还是在其他方面，奥古斯塔斯，这位罗马第一位

---

* 约53—117年，古罗马皇帝。——译者注

真正意义上的皇帝，都追随着恺撒的足迹而且有过之而无不及。一旦消灭了所有的政治对手，奥古斯塔斯就开始致力于将罗马建成一座帝国之都。他后来夸耀说，是他把罗马从砖瓦变成了大理石。在他所兴造的大理石项目中，其中一个就是宏伟的殿堂图书馆，以及毗邻着它的阿波罗神庙。后来，为了纪念他的姐姐屋大维娅（Octavia），他在附近建了第二座图书馆，这座图书馆如今已经荡然无存。不过，殿堂图书馆的遗迹还是为我们提供了当年帝国图书馆的景象：两间并排的阅览室，墙壁上排列着装满图书的壁龛，以及放置着卷轴的带木门的书橱，更深一些的壁龛则为雕像的陈列
47 提供了空间。罗马历任统治者的传记作者斯威托尼厄斯（Suetonius）同意维吉尔的说法，"西比尔之书"曾经被带到这里，就放在它的喜怒无常的保护神阿波罗雕像的下面。

与奥古斯塔斯一样，后来的每一位罗马皇帝都在自己的营建项目中包括了一座或者两座图书馆，其中最壮观的大概要属图拉真所兴建的。与其他图书馆不同的是，他的图书馆没有采取房间并列的楼层规划，两间阅览室是面对面的，通过有屏蔽的柱廊而相互连通。两者之间的大厅中矗立着图拉真纪念柱，正是这一纪念柱使得这位皇帝为后人所熟知。看起来有些不可思议：这位好战多谋的人，将对他的人生最有纪念意义的物品，放置在一个图书馆中。

这些皇帝们并非仅仅在他们的私人宫殿和神庙中建了图书馆，也把它们提供给了罗马人民。在奥古斯塔斯统治时期，公共浴室——慷慨的帝国用来娱乐大众的"面包和竞技"的一部分——设施中就包括了图书馆。尽管这些图书馆与帝王图书馆的布局相同，两种语言的阅览室相对，不过与皇家收藏相比，他们好像囊括了更多的通俗和经典的文艺作品，而晦涩难懂的法律、科学，以及医药书籍则较少。人们普遍认为亚历山大图书馆书籍的命运终结于公共浴室的炉火之中，这么说的话，原来公共图书馆就起

源于公共澡堂。

考虑到罗马知识界分散和超越官方的特点，在罗马人统治的领域里，图书馆的发展和普遍显得尤其引人注目。在公共领域，对知识的共同追求与对财富和权利的追求一样，是人们之间纯属私人性质的联盟和松散的联系。不同于托勒密王朝、秦朝，以及阿兹特克贵族，罗马的皇帝们不太寻 48
求对思想意识的直接控制。正如古典文献专家伊丽莎白·罗森所指出的那样，罗马缺少学校和大学（很多罗马精英前往希腊接受教育）；也没有像希腊那样，为作家和艺术家们设立正规的比赛和竞争；国家也不会为工程师、医生、教师以及其他专业人士支付薪酬；他们所依靠的是独立议员们和皇室的赞助。从这个角度来说，罗马图书馆的繁荣兴盛显得很独特：他们是罗马所创建的最为近似于我们今天所熟悉的综合型官方文化机构。

对于个人来说，文学从来不是一份职业，只能算是一种爱好。历史、戏剧或者说抒情诗歌的写作只是公共人物的消遣娱乐，或者说是用来消磨时间的。但是西塞罗的职业生涯显示，这并没有削弱文学和图书馆在罗马公共生活中的重要性。西塞罗是最典型的罗马学者，他作为议员、律师，以及共和国官员的人生经历覆盖了罗马最动荡的年代。内战摧毁了共和，同时开启了帝国时代，他的作品记录了罗马那一段混乱的时期，其重要性不逊色于任何历史学家的著作。其作为雄辩家的天赋使他成为参议院的精英，而罗马共和国的历史及其奠基者的家族后代们不但为他提供了可供消遣的富于启迪的故事，而且还有关键性的政治原料。出身于一个富裕的平民家庭，他常常为那些罗马大家族的子孙们刻意地回避和忽视他们自己家族的历史而感到震惊。与他们相反，在给朋友和代理人的信里，他经常小心翼翼地征询参议院档案中的信息。

跟所有罗马的作家们一样，西塞罗花费了大量的精力购买和复制图书，并建立了自己的图书馆。在这方面，他得到了罗马最伟大的教育家和学者

49 泰勒诺的帮助，泰勒诺的图书馆被认为藏有三万册书卷；也得到了其他朋友们，特别是提图斯·蓬波尼乌斯·阿提库斯的帮助。西塞罗写给阿提库斯的四百一十六封信件以现代文版本的形式流传了下来。与此同时，他还得到了他的许多受过教育的希腊奴隶的协助。在罗马，很多学者的工作，从教学到复制、编辑和图书馆业务都是由受过教育的奴隶们来从事，他们中的大多数是希腊人，是最受各精英家庭赞赏的成员。在手抄本文化时期，一个拥有奴隶的学者并不仅仅是一个作家、批评家和读者，他也必须成为一个出版者，出版他自己以及其他人的著作。尽管罗马的图书贸易十分繁荣，有辨别力的读者却知道，书架上摆放着的文献往往错谬百出。西塞罗和他的朋友们为彼此提供自己的著作以及个人收藏的精确复制本。在编辑伟大的怀疑论哲学选集《学院派哲学》（*Academia*）时，西塞罗就是这么做的，他把这部作品提供给作家瓦罗使用。在公元前45年6月24日写给朋友阿提库斯的信中，他讲述了这本书的编撰过程：

> 《学院派哲学》整本书都选自高贵而重要的人物的著作……选自那两本书，我却把它扩编成了四本。它的内容比以往任何一部这方面的著作都要丰富，尽管我删掉了很多……至于这部著作，除非是我被自己的那份自我迷恋所蒙蔽，它真的比任何现存的同类作品都要好，包括希腊文的。我相信，你会用哲学家的视角来看待你的书写员们在学院派哲学论著上已经耗费的劳动，承认其是无用的。这本著作更细致，更精确，也更好。

他在参议院的演讲，就像他的书一样，比他的同仁们“更细致，更精
50 确，也更好”，同时交织着西塞罗所独具的深邃而中庸的修辞风格。他利

用自己无与伦比的雄辩天赋在咄咄逼人的恺撒和对手们面前捍卫罗马共和体制。尽管他没有参与刺杀恺撒，但是他同情共和的立场却尽人皆知。当他与恺撒的继承者屋大维——后来被称为奥古斯塔斯，发生冲突时，开始受到追杀，并最终被杀害。他的手和头颅被砍下，并被安置在曾经令他风光无限的地方——参议院大厅中的讲坛之上。

虽然共和国变成了帝国，西塞罗所钟爱的图书馆却兴盛起来。尽管罗马火灾不断，这些图书馆却被保存至公元4世纪。公元64年，发生在这座城市的一场大火焚毁了殿堂图书馆（当整座城市正在燃烧之时，当时的罗马皇帝尼禄却在悠然自得地拉他的小提琴）。是图密善*修复了它。在奥古斯塔斯所建的屋大维娅图书馆被烧过之后，他做了同样的事情。这一点有些非同寻常，因为图密善对文字缺乏兴趣。关于图密善，斯威托尼厄斯写道：在帝国创建的初期，他轻视所有的自由研究，不过却采取措施来修复被大火损毁了的图书馆，并大费周章地在各个角落寻找失散的图书，还把它们远送至亚历山大进行誊抄和修改。

帝国的荣耀在日渐衰落的过程中仍然持续了很久，最迟到公元5世纪的基督教罗马时期，人们还在忙于相互应酬，留恋昔日的美好时光。公元430年，多产的书信体作家西多尼乌斯·阿波利纳里斯在写给他的朋友多尼杜斯的一封信中，描绘了这样一幅景象：年轻人在田径场上竞技时的呐喊声，混杂着骰子之间的撞击声，以及人们匆忙地关上房门之后发出的欢笑声。他发现，最令人愉快的地方是在一个乡间图书馆中，在那里，他发现了：

> 有那么多书可以拿在手中，你可以想象自己正站在一位真正学者的书架前或者在雅典娜神庙的阶梯上，又或者在书籍经销商那高高的展示柜的前面。书籍的排列是这样的，那 51

---

*后来的罗马皇帝。——译者注

> 些靠近女士座位的手稿是关于信仰方面的，而那些位于绅士们的座位之间的则是壮美流畅的拉丁文著作。后者之中包括一些特定作者的作品，他们虽然信仰不同，但是却有着相似的风格：人们常常阅读艺术风格相似的作家们的作品：这里是奥古斯丁（Augustine），那里是瓦罗，这里是贺拉斯（Horace），那里是普鲁登蒂乌斯（Prudentius）。

西多尼乌斯的描述表明，虽然人们仍然欣赏壮美流畅的拉丁文，书的作用有了变化，首先，曾经被吉本称作加利利人（Galileans）的异教图书现在拥有了地位。与那个时代的大多数精英们一样，西多尼乌斯本人也是个虔诚的基督徒。但是这并没有阻止他们欣赏异教作家们如瓦罗、贺拉斯等人的作品中那些修辞方面的睿智。在公元4世纪，圣人杰罗姆梦见自己因为对异教经典的迷恋而受到谴责，不过，对异教的声讨即便在数十年之后也还没有强大到令西多尼乌斯和他的朋友们对此感到踌躇和羞愧。

“信仰方面的书籍”被置放在妇女们的座位附近，这个事实为认识帝国晚期的读书圈提供了一个新的视角。在异教时代，妇女们通常不会接受教育。西塞罗的女儿图利娅是一个少有的例外，她私下受到了辅导。他父亲在她死去时所写的那篇感人至深的散文《慰藉》（*Consolatione*），其中把她称为“道克蒂斯玛”，即“最有学识的人”。当时，即使有些妇女真的接受了教育，不管是通过自己的勤奋还是父母非正式的教育，她们都倾向于学习哲学和数学，而不是文学，因为后者属于一个阳刚而现实的领域，主要是为了满足在参议院中面对公众演讲的需要。这种超自然的、神秘的阅读倾向使罗马妇女
52 更乐于接受基督教思想，更推崇冥想，而不是诗人和历史学家的华丽修辞。

总之，我们可以想象，在西多尼乌斯所到访的那家图书馆里，应该有相当一部分的图书我们今天应该也是知道的。基督徒们将手抄本，或者说

装订书籍从早期教堂的所在地巴勒斯坦、埃及和希腊带到了罗马。根据受过教育的罗马人长期携带的，类似于随身笔记本的，打着蜡的象牙或者木制书本夹的式样，纸莎草纸和牛皮纸在基督教时代首次以类似的形式被装订起来。在拉文纳*发现的一片西多尼乌斯时代的马赛克上，描绘着一个传统的罗马“阿玛瑞姆”，即书箱，里面平放着的手抄本封面已被掀开，题目清晰醒目，是有关福音方面的。很明确，手抄本是当时基督教的传播媒介。

手抄书本不仅比书卷更容易阅读，也更容易储存。当然，它们所用的材料与书卷所用的纸莎草纸一样易于腐烂，不过，它们在图书馆中稳定的放置形态还是确保了它们拥有更长的寿命和更少的修补次数。它们也比书卷更容易布置排放，这一点也使图书馆将来有一天可以发展壮大。但是，手抄本并没有使西多尼乌斯笔下所描绘的那种私人图书馆避免其彻底消失的命运。在罗马帝国走向衰落的那些流离动荡的世纪里，书籍与其他的一切经历了同样的命运。

除了来自皇帝、蛮夷以及暴徒的摧毁，书籍还要承受自然的侵蚀。公元79年，赫库兰尼姆城被淹没在维苏威火山喷发时所形成的火山灰的海洋之中（这次喷发摧毁同时也保存了庞培）。18世纪的考古挖掘在著名的纸莎草庄园（Villa of the Papyri）发现了一个房间，里面放着被火熏黑了的零乱的残卷。其中很多已经被烧得无法阅读，但是这个房间的布局本身，以及墙壁上 53
整齐镶嵌着的圣物壁龛，显示出它是罗马帝国时期图书馆的一个完美典范。

这个图书馆的规模是非凡的：它包含了大约两千份书卷。赫库兰尼姆城位于那不勒斯的郊区，它从一个希腊早期的殖民地发展成一个深受希腊文化影响的世界性的都市。纸莎草庄园中的图书呈现出一种折中主义的文化倾向——大多数是希腊文著作，占主要地位的是关于伊壁鸠鲁主义哲学的作品。

---

* 意大利东北部的港口城市。——译者注

这些图书已经被碳化成一块一块的物体，很难看出书卷的形状。两百多年以前，考古发掘者们丢弃了很多残片，把它们错误地当成无数的木炭碎屑。

18世纪，一位意大利牧师安东尼奥·比亚乔发明了一种可以把烧过的纠结在一起的书卷层层打开的特别器具：一排螺钉咬住纸莎草纸书卷前端装订用的丝线，在螺钉上逐渐加力，烧过的书卷就可以被一层一层地剥开。撕下的手稿残片很脆弱，小心地把它们粘在胶纸上，就可以固定和保存它们了。以这种方式，很多书卷被小心翼翼地展开、阅读并得以发表。它们中的大多数，直至最近还被认为是无法阅读的。目前由杨百翰大学（Brigham Young University）和位于那不勒斯的意大利国家图书馆联合组建的一个团队正在利用数码成像技术来辨识那些剩余的残片。因为墨迹成像之后与碳化熏黑的纸莎草纸在颜色上有细微的差别，而光谱摄影技术可以分辨出这两者之间的差异，因此可以得到一个清晰的字迹影像。这个团队的成员相信他们可以辨识所有剩余的那一万份残片。

罗马帝国灭亡的很久以前，柏拉图和亚里士多德都得出了这样一个结
54 论：没有任何一种政治制度不会遭遇衰亡的结局。作为这个规律的一个不太勉强的推论就是——没有一座图书馆最终不会消失，留下一片空白让后人苦苦思索。纸莎草庄园的悲剧也是历史上所有图书馆的悲剧：通过把图书集中在一个地方，一个文化族群及其国王不可避免地把它们变成时间的牺牲品。从小亚细亚到西班牙，从亚历山大到珀加蒙，这就是绝大多数古代图书馆的命运。赫库兰尼姆城残片的研究者们提供了从残片之中可以发现很多已经丢失了的古代著作的可能性。但是，即使最后的几个碳化的字迹并没有提供任何新的东西，有一点是确定无疑的，那就是：我们今天所见到的最为完整的古代图书馆却是因为遭到了焚烧才得以幸存下来。

三、智慧书院

光环逐渐从被历史学家吉本称为“地球上最光辉耀眼的所在”——罗马消退，她所拥有的图书馆也在衰败和消失。对于学术、书籍和图书馆来说，这是一段黑暗的时代。基督教罗马建立了与其古代异教性质的文学和艺术经典完全对立的文化身份认知。随着帝国的商业和社会进一步衰落，教育也开始倒退，用来购买和制造牛皮纸、纸莎草纸以及支撑一支书写员大军的现金来源干涸了，而那些公路，曾经承载着帝国高效的邮政系统——对“共和国文化生活”起着至关重要的作用，现在也已经年久失修了。后来的文献显示，罗马贵族们自己承担起了书写的工作，这个迹象表明，一度稳定的文化奴隶的供应也萎缩了。

尽管如此，在早期的基督教神职人员的活动社区，一线微弱而不确定 56
的火苗却依然在闪烁。尽管存在物质上的贫乏和宗教方面的强制，古典文化却依然在神职人员们之间留存着。公元六百年左右，在埃及的一个修行者社区里，隐士弟兄们不但在陶片上涂画着圣经中的段落，也写上了伊利亚特（*Iliad*）中的诗行以及米南德*的剧作《公断》（*Sentences*）。陶片——这种

* 公元前342？—前291年，雅典剧作家。——译者注

并不适于书写的材料，却在纸莎草纸的故乡被发现，似乎说明了这个神职人员社区的贫困，尽管贫困并未阻止他们孜孜不倦地阅读和研究，但是，这或许说明阅读和书写的作用正在发生着变化。罗马帝国衰落之后，书写不再被当作一种永恒的媒介，其作用也只是短暂和临时的，不再有皇帝渴望刻石记功，不再有官方的法令和演说需要被记录在牛皮纸和纸莎草纸上，也就不再有什么东西需要被写下来以便永久地存入史册。对于神职人员们来说，书写是为了学习、阅读和抄写圣经中的章句。这时期，除了陶片，大部分文字都被刻印在蜡版上，根据它的性能，是不可能长久留存的。

或许正是这种蜡版，让埃及的科普特（Coptic）神职人员们首先获得了灵感，发明了——或者至少是完善了我们今天所公认的最早书籍的形式——手抄本。从美索不达米亚时代直到中世纪，蜡版都是一种重要的书写媒介。有人认为，英文中“book”（书）这个词实际上来源于盎格鲁—撒克逊语中的“boc”一词，意思是山毛榉，一种受欢迎的可用来制作蜡版模型的材料。模板上通常要刻出一个浅浅的凹槽用来倾灌蜂蜡，冷却后，蜂蜡就形成一个柔软的平面，可以在上面用尖尖的笔来刻写文字。用力地刮擦就可以很快地擦除上面的文字——这对写作者来说十分方便，但是对历史学家来说就是另外一回事了，因为没有任何蜡版文献留存下来。通常是把两个模板用线串连起来，不过一些作者更喜欢把几个模板串连在一起。
57 可能在埃及，书写员们开始用多模板的蜡版装订的方式来装订纸莎草纸张，逐渐取代了曾经被长期采用的书卷的形式。

公元4世纪的臣诺波斯克恩修道院遗址位于埃及拿戈玛第镇附近。1945年，十三份可以追溯至公元4世纪后半期的简单的手抄本就是在这里被发现的，它们被密封在一个陶罐中。这些书上的文字所包含的内容，为学者们展示了早期基督教与诺斯替教（Gnostic），两个既相互关联又彼此冲突的教派信徒们的知识与精神世界。这些手抄本装订还保存完好，为我们提供了手抄本起源于科普特时期的最好例证。这些书是把一些简单折叠的纸莎草纸张叠放在一起，再松松地与皮质的封面缝合起来。装订起来的皮面，使这些拿戈玛第手抄本即便在今天看来仍然很时尚。今天，与它们的装订方式十分相似的、价钱昂贵的日记本在任何一个文具店里都可以找得到。

幸存下来的并不仅仅是书籍。至少有一个事例向我们证明，一个小小的修道院图书馆可以完整地保存一个时代的文学。公元10世纪，由尼西比斯的摩西[*]所主持的叙利亚修道院保存了大约二百五十份手稿。其中很多是用古叙利亚语写成的。这是一种闪米特语，接近阿拉姆语（Aramaic[**]），通行于景教[***]社区。在中世纪，古叙利亚语是一种使用范围很广的语言，对于早期基督教的发展和传播尤为重要（耶稣说的就是阿拉姆语）。古叙利亚语的重要性并非仅限于基督教神学，在西安，今天还可以看到上面镌刻着中文和古叙利亚语的公元8世纪的双语石刻。用叙利亚语写作的一些伟大诗人，例如尼西比斯的厄弗冷等人，他们所采用的文学形态就根源于楔形文字时期的美索不达米亚文学。公元10世纪时，摩西及时地收藏了这些作者以及其他人的著作。随后入侵的突厥人几乎摧毁了叙利亚语及其使用者。这个语言今天存在于当年幸存者的后裔口中，他们中的大多数生活
在叙利亚、伊拉克、伊朗，还有一些犹太人，他们零散地分布于从土耳其 58
到西欧的广大地区。大部分幸存的叙利亚语文学作品都是由摩西收集和保存下来的。

---

* 公元907—943年，一位修道院的修士，被称为尼西比斯的摩西，曾经在叙利亚和美索不达米亚平原上长途跋涉，收集了很多珍贵的手稿，回到埃及之后，使其所在的叙利亚修道院成为在当时最丰富、最重要的资料中心。——译者注

** 属闪含语系闪米特语族，公元前9世纪通用于古叙利亚，后来曾经一度成为西南亚的通用语。——译者注

*** 即基督教聂斯脱里派，起源于今天的叙利亚，唐朝时曾经传入中国。——译者注

迦修多儒，一位活跃于公元6世纪的罗马贵族和基督徒，奠定了中世纪图书馆发展的主流，以及整个神职人员的生活方式。迦修多儒曾经侍奉东哥特[*]国王提奥多里克，直到来自东方的皇帝查士丁尼包围了罗马，并将意大利纳入君士坦丁堡的统治之下。迦修多儒活着的时候亲眼目睹了在城市遭遇围困之时，罗马帝国最后的两座宏伟的图书馆：殿堂图书馆和乌尔比安图书馆被摧毁。首都陷落之后，教皇阿加佩图斯建立了一座重要的图书馆，同时也是一个为其个人服务的学术机构。迦修多儒为教会所扮演的政治角色感到焦虑，他更倾向于在教会与世俗政权的争斗之外追求一种“充满思想的生活”（vita contemplativa）。在他的领地卡拉布里亚，他建立了一座修道院，为中世纪秩序的到来设定了模式。在那些年里，意大利的南部并没有像罗马那样经受战争的摧残。迦修多儒利用附近的鱼塘作掩护（因此产生了早期基督教时期一个最有启发意义的比喻：那些鱼儿们），修建了一座图书馆，并制作了大量珍贵的手稿，这里成为了迦修多儒的避难所，被称作维瓦利姆（Vivarium）[**]。在这里，早期福音书的版本被搜集起来，后来证明它们对于圣经在中世纪的传承至关重要。与圣经有关的书写工作当然放在首位，但是迦修多儒也在极端矛盾的心理影响之下保存了希腊和罗马的文学遗产。在他的图书馆里，有九个壁龛被用来陈列神学方面的著作，另外一个则存放着古希腊的经典。迦修多儒敦促他手下的神职人员们辛勤地工作，以便复制和翻译这些著作。他自己的伟大作品，《神圣与世俗》（*Institutiones divinarum et saecularium litterarum*），为中世纪欧洲
59 认识论的形成和完善提供了帮助。作为一部百科全书，它为维瓦利姆的神职人员们解释了所有神圣和世俗的思想主张，并为这些思想主张排定了秩序。在迦修多儒看来，文化的一个方面都在其相应的层次和范围内对应着

---

* 东哥特人曾经于公元5世纪在意大利建立东哥特王国。——译者注

** 拉丁语“鱼”的意思。——译者注

另一个方面，一方面是《圣经》、教会神父们的著作以及近代的评论和注释，相应的另一方面，则是从荷马开始，经过演说家直到戏剧家和古代历史学家。宗教和世俗的层次罗列好像两幅对应的画面，形成了中世纪图书馆的布置格局。直到伟大的文艺复兴时期，图书馆仍在使用这种格局，例如梵蒂冈的图书馆。

至于迦修多儒自己的图书馆，最终的结局我们却无从知晓。在其规模最大的时候，即公元7世纪，似乎也仅仅收藏了几百本书。位于意大利北部博比奥的伟大的爱尔兰修道院，很可能就是以维瓦利姆为模式，在公元10世纪时收藏了六百六十六本著作。就那一时期书籍的形式和装饰方面的审美革新来说，中世纪欧洲的图书馆是十分保守的，在那里，兴趣仅聚焦于几个备受敬畏的文本之上。

然而，当兼容并包的图书馆精神在西方逐渐萎缩的时候，她却在东方开花结果了。在亚历山大大帝去世和伊斯兰教崛起的千年间隙之中，尽管罗马和波斯的统治者之间冲突不断，但是叙利亚却是希腊学术研究最安稳的家园。公元529年，查士丁尼大帝关闭了雅典的学校，将学术研究置于教会的控制之下。遭到驱逐的雅典学者们来到了希腊的宿敌——波斯寻求庇护。这个庇护所的选择并非那么不可思议，因为冲突常常导致这样的结果：波斯和希腊之间长期的敌对使两种文化之间有了密切的接触，早在亚历山大大帝和他的继任者们时期，其中既包括埃及的托勒密家族，也包括由亚历山大大帝的另一位将军在叙利亚建立的塞琉西王朝——就开始将希
腊学术融入近东的主流文化之中。叙利亚基督教景教教派的书写员们看不 60
上希腊的文学，他们更青睐波斯的诗歌传统，但是却保存了希腊的科学。现在，波斯的诺斯宛朝廷为遭到驱逐的雅典学者们提供了庇护空间。

在这时期，图书馆是伴随着伊斯兰教的崛起而繁荣兴旺起来的。富于讽刺意味的是，穆罕默德曾经褒奖了自己的无知，认为这一点恰好证明

他所拥有的是真正的智慧：因为他不可能阅读，因此不可能受到任何其他经文的影响，安拉的语录也就不是由他的手写成的。即使关于神迹的文字——像耶和华在西奈山授予摩西十诫的那一段，也很难在多疑的阿拉伯人心中点燃起信仰的火花。在第六章的7.9节（al – An'am 6：7.9）中，安拉提醒穆罕默德："羊皮纸上的文字是我传给你的，以便他们能够用他们的双手来感受，那些不相信的人也会说：这就是纯粹的魔力。"因此，安拉指示他的先知命令他的信徒们抄写《古兰经》，以便使他们借此获得信仰。正是因为这个命令，即抄写安拉授予先知的语录，使信徒们成为了极富热情的学者。确实，随着帝国疆域的扩大，他们在各方面都显示出了学习的激情，急于向被征服者们学习。公元7世纪，穆罕默德的军队横扫了阿拉伯半岛的北部，他们占领了一处地方，那里当时还保留着璀璨的波斯古代文化。波斯图书馆的珍藏——在经过与希腊几个世纪的对抗之后，已经不仅仅只包含波斯的文献，还有希腊文的科学和哲学著作，现在都公开出来供人翻译。在书写者的笔下，希腊科学伴随着波斯诗歌进入了阿拉伯世界，也因此开启了历时一千年之久的穆斯林图书馆建设的新时代，并最
61 终，将这笔共享的希腊遗产传递到正在开始崛起的欧洲世界手中。

穆斯林文化和她的图书馆以惊人的速度发展壮大起来。8世纪末，阿巴斯王朝已经将巴格达建成了一个世界性的学术中心。阿巴斯王朝之前的倭马亚王朝的哈里发们，已经开始推崇书籍和学术。他们分别在首都大马士革和耶路撒冷的阿克萨清真寺建起宏伟的宗教图书馆。第一任倭马亚哈里发，穆阿威叶一世任命了一位萨哈伯·马萨哈夫，即书籍管理员来照看他的皇家图书馆，这里不仅包括宗教方面的资料，还包括自由艺术和科学方面的著作，成为继亚历山大之后综合型图书馆的复兴标志。当阿巴斯推翻了东方的倭马亚王朝，书籍也跟随着他们流向了阿巴斯政权位于巴格达的新首都。

巴努·穆萨三兄弟的故事印证了阿拉伯文明的迅速崛起。兄弟三人是

阿巴斯朝廷的御用数学家和天文学家，关于他们的生平，我们知道得很少。他们合作写了《平面以及球体的测量》一书（*Kitab marifat masakhat al—ashkal*），这是阿拉伯数学领域的奠基作之一。他们生平的一些碎片，为我们勾画了一幅一个家族发达兴旺的生动画面。当第一位阿巴斯王子攫取了政权的时候，三兄弟的父亲——穆萨·伊本·沙基尔还只是一个婴儿（巴努·穆萨这个名字的意思就是“穆萨的儿子”）。在他刚刚成年的时候，曾经以拦路抢劫为生，直到新的当权者劝说他追求更安稳的生活方式。或许曾经依赖幸运星象的帮助来确保抢劫的成功，他现在则开始从事更为和平的占星术。在这个新的职业领域所取得的成功让他引起了马蒙王子的注意，公元813年，后者从他的兄弟手中夺取了政权。老盗贼死后，这位哈里发就成为他那三位智力超群的儿子们的监护人，他们被任命为皇家智慧书院的学者。将图书馆、学院研究中心融为一体的智慧书院，满足了三位天赋异禀的年轻人的所有需求。这样，只经历了一代人，穆萨·伊本·沙
基尔家族就从鸡鸣狗盗之徒而跃升为学术权威。 62

阿巴斯时期的巴格达十分有利于三兄弟天赋的充分施展。智慧书院是从印度到伊比利亚半岛穆斯林统治领域中的翻译、编辑整理和智慧集聚的中心。欧几里得几何学的阿拉伯语翻译者，哈加吉与代数的发明者花拉子密一起在那里工作，正是从这一数学名词“代数”（algebra），我们发明了“运算法则”（algorithm）一词。通过阅读智慧书院图书馆中所藏的古印度数学著作，花拉子密修改了印度数字符号系统以便适应自己的需求，从而发明了我们今天所使用的阿拉伯数字。

在巴格达工作的阿拉伯人、基督徒和犹太人为三兄弟提供了最全面的教育，在智慧书院工作时，他们运用自己在数学和天文学方面的才智先后为四位哈里发们效力。他们共同创造了一个又一个科学方面的奇迹，是智慧书院所拥有的综合型图书馆成就了他们。他们将自己对数字更为

深入细致的感知运用到古希腊几何学的研究中去，扩展了阿基米德和欧多克索斯的数学法则的应用领域。他们是第一个从数值的角度来思考平面和空间的人。通过将算数和几何结合起来，他们为西方科学基础的奠定做出了贡献。除了他们的伟大著作，三兄弟还测算了阳历年的日期，其精确程度是前所未有的；还设计了灌溉用的运河；通过在自家屋顶的观望台上进行观测，他们得到了一些富有创新意义的天文发现。他们位于穆斯林知识界的顶端，这是一个混乱无忌、充满矛盾和对立的圈子，就跟今天的大学一样。

63 兄弟们所侍奉的第四任哈里发——穆塔瓦基勒对于反对自己的学者不像他的前任那么乐于容忍，他喜欢建桥挖运河的巴努·穆萨三兄弟多于他们的对手。当三兄弟与哲学家肯迪发生冲突的时候，这位哈里发授权自己最喜欢的科学家们鞭打那位可怜的学者，并查抄了他的图书馆。

尽管发生了这种充满偏见的矛盾冲突，在倭马亚王朝的统治之下，书籍、图书馆和艺术仍然得到了发展和繁荣，这种状况一直持续到大约五百年之后，他们的帝国沦陷于入侵的蒙古人之手。

西方书籍文化的很多方面来源于伊斯兰世界。征服者们从他们的对手那里获益良多——吸取了书籍的形式和工艺，还对它们做了进一步的完善和改进。从中国狱囚那里，穆斯林们早在公元8世纪就学会了造纸工艺；从埃塞俄比亚的阿姆哈拉语书写员那里，他们借鉴了手抄本的形式，将缝制皮革的装订工艺提升为一种内涵丰富的艺术。对于希腊和罗马人来说，书籍只是工具，是功利主义意义上的知识存储库。他们制作的书卷平常简陋，只有里面的文字可以提供一点美学方面的享受；与之相反，伊斯兰的书法家和插图画家们把书籍本身变成了一种美丽的存在，收藏家们则认为书本的外观和手感给人带来的享受与它所表述的内容同样重要。在基督教占统治地位的欧洲中世纪，只有位于社会的最高阶层才能有机会鉴赏到装饰过的书籍：只有贵族和最高级的神职人员，才能担负得起制作插图丰富的福音书、弥撒书及各种文摘的昂贵费用。与之形成鲜明对照的是，在更为商业化的伊斯兰世界中，对于书籍的良好品位是成为一个商人的前提。公元10世纪时期的一位学者曾经抱怨，在科尔多瓦的一个书籍拍卖会上，他在竞拍一册珍贵文献时输给了另外一位竞拍者，其所出的价格远远高于这本书的实际价值。后来，他找到了这位买家，买家承认自己并不知道这本书写的是什么，他正在筹建一个大图书馆以便向他的生意伙伴们炫耀，
而竞拍的这套书正好可以放在书架上一处空出来的位置上。此外，他又强 64
调，这套书看起来太漂亮了，以至于让他欲罢不能。

不过，穆斯林的精英们竞相拥有的是整个的图书馆并不是单本的书籍。在阿拉伯人占领下的西班牙，图书馆一度达到七十家之多，其中最大的一家，是由科尔多瓦的哈里发哈基姆在976年建造的。在当时的欧洲，科尔多瓦在城市规模方面仅次于君士坦丁堡：供水管道将水输送到二十万户家庭和公共浴室之中，公共街灯为城市的夜晚带来光明。根据历史学家伊本·阿巴的统计，哈基姆图书馆的图书被分成了四十四个类别，书籍总数在四十万到六十万之间，相当于这个城市的每个家庭平均拥有两到三本书。要知道，在当时的欧洲，即便最大的图书馆也仅仅收藏着几百册的图书，因此这不能不说是一个惊人的成就。在科尔多瓦和托莱多，后者于1085年被基督徒占领，渊源于古代希腊—波斯时代的阿拉伯科学成就被翻译成了拉丁语，这样，阿拉伯的知识文化在历经突厥、蒙古和十字军的蹂躏和践踏之后得以幸存了下来。

大图书馆如雨后春笋般在伊斯兰世界各处涌现。根据伊朗哲学家和医学家阿维森纳的描述，伊朗朝廷的图书馆是一个藏书丰富的所在。与巴努·穆萨兄弟一样，阿维森纳也是一个博闻强记的天才，十岁时，他就可以背诵《古兰经》和大量的诗歌；十八岁时，他被波斯的萨马王朝任命为

宫廷御医。因为成功地医治了努赫·伊本·曼苏尔王子而受到了王室的恩宠。作为朝中一员的最大便利，就是可以光顾那座令世人震惊的伟大图书
65 馆。“我发现，那儿很多屋子里都放满了书，”他写道：

> 它们被摆放在一层一层罗列着的书箱里面。一个房间被用来存放阿拉伯语文献和诗歌方面的作品，另一个房间是关于法律方面的，并以此类推，每个特定的学科都拥有它们自己的房间。我查阅了古希腊作者的作品目录，寻找我想要的书，在这部分的收藏中，我看到一些书很少有人听说过它们的名字，而我自己以前则从来没有见过它们。

阿维森纳对这座图书馆的迷恋在当时想必是尽人皆知，因为就在他光顾后不久，图书馆就着火了，而这位年轻的哲学家被指控为纵火者，目的就是要使自己成为“唯一的智慧之源”。

无论传说中的亚历山大图书馆在奥马尔的手中经历了怎样的命运，可以确信的是它们还是幸存了下来，因为图书馆中的大量图书被运到了安提俄克，就是他的继任者，奥马尔二世那里。当法蒂玛王朝在埃及取代了奥马尔家族的政权之后，他们在开罗建立了首都，在那里，哈里发阿齐兹建起了一座图书馆，作为宏伟的“学识书院”（House of Learning）的一部分。这个书院是属于他个人的，它所收藏的图书大约有六十万册之多，其中包括两千四百部插图本《古兰经》。这些书中的大部分被存放在大书柜或者壁橱之中，在每个书柜或者壁橱上面，都有一份它所容纳的书籍的名单，以及一份备忘录，上面列着要完成这部分的收藏尚缺少的书目名单。公元1004年，哈里发哈基姆将这些图书与他自己的收藏一起存放在他个人的“智慧书院”之中，这座书院号称藏有大约一百五十万本图书。但是，公元

1068年，当突厥大军兵临城下之时，宰相阿布·法拉吉卖掉了二十五匹骆驼所装载的书籍来筹备军饷，并因此筹到了十万第纳尔。突厥的军队在几个月之后打败了他，并以他们自己的方式来处置余下的图书：扯下书籍装订时所用的上好皮革来做鞋子，把撕扯剩下的散落的书页埋在开罗城外的一个地方，那个地方在之后的几个世纪里被称作“书之岭”。 66

这一度的书籍、学术和图书馆的繁荣就这样戛然而止。历史学家帕多沃注意到：欧洲对于阿拉伯知识和学术的掠夺“恰当其时”，因为“伊斯兰教统治的东方世界几乎被入侵的蒙古人摧毁殆尽”。哈布斯堡王朝的皇帝查理五世1536年占领了突尼斯，他下令烧毁所有阿拉伯语的书籍。1492年，摩尔人从西班牙被驱逐出去之后，这个国家的“阿拉伯语书稿几乎荡然无存，以至于当菲利浦二世兴建埃斯科里亚尔宫殿之时，在王国境内竟然找不到任何阿拉伯语的文献”。为了充实皇家图书馆中的阿拉伯语书目文献，他们只好拦截了一艘满载书籍的摩洛哥船只。但是，1674年，发生在埃斯科里亚尔宫殿的一场大火，使大约八千册阿拉伯语书籍化为灰烬，在公元13世纪和15世纪之间，曾经在阿拉伯世界风光无限的图书馆就这样消失了。征服者们——摩尔人、突厥人以及十字军，并没有分享伊斯兰世界自希腊—波斯前辈那里继承而来的对于学术的热爱。

中世纪时期，伊斯兰世界的图书文化与基督教欧洲之间存在着关联。欧洲学者们曾经去过位于托莱多和科尔多瓦的大型书籍市场，在十字军东征期间及其后，书籍也作为战利品流向了欧洲。同时，在意大利南部，希腊的影响依然很强劲。例如，在庄严神圣的卡西诺山修道院，希腊—阿拉伯医学文献长期以来得到了很好的保存、复制和研究。但是，从更广泛的范围来看，从西班牙到希腊，曾经遍布于罗马帝国辽阔区域之上的图书馆已经荡然无存了。

与很多古典文化一样，公共图书馆在佛罗伦萨得以重生。第一座现

代“公共”图书馆的头衔或许应该授予科西莫·德·美第奇在1444年建造
67 的圣·马可图书馆。在15世纪的佛罗伦萨，“公共”一词并非指民众，而是教堂、贵族和有权势的商人家族展示他们的社会角色、施展权势的舞台。圣·马可图书馆就是这种意义上的公共图书馆：学者们的成就以一种从未有过的、重要的方式令社会受益。这应该说是公共的——美第奇家族通过为图书馆选择特定的图书和礼物来公开演绎他们作为鉴赏家、赞助商、知识分子和王子的多重角色。约翰·赫伊津哈关于中世纪的描述同样适用于文艺复兴时期的早期：“生命的一切都是为了那个骄傲或者残酷的公共形象。”今天，公共图书馆却是知识分子的个体独立性和隐私最主要的保护者。作为一种树立公共形象的工具，圣·马可图书馆的确是“公共的”。当然，与美第奇家族为了树立公共形象而采取的其他更残酷的手段相比，建立图书馆似乎是非常祥和与仁慈的。当然，这种仁慈主要是为巩固美第奇家族的权势而服务。

历史学家丽莎·渣甸曾经十分清晰地描述了图书馆的兴建在美第奇家族从商人到王子的崛起过程中所扮演的角色：“他们完成这一过渡所采取的其中一种手段，就是利用自己对于精美书籍（古代和现代的）的渴望来建立自己关爱社会的名声……”渣甸把美第奇所收集的图书分为四类，每一类都帮助这个家族体现出一种公共人格形象：第一类图书“为这个家族建立起爱好探讨人性奥秘的名声”，这些书也保证了美第奇作为学者和深明事理者的名望。第二类是“那些图书，可以使家族享有‘守法践行’的光环”——即有关道德、风俗和礼仪方面的各种书籍，这一类关于教养的书目使家族的高雅形象得到世人的公认。接下来是“‘珍贵的’传统经典”，
68 这类书籍显示了家族对于高尚的人文主义的关注。最后是“那些有助于建立家族血缘脉络的书籍”——即一些前辈的手迹和藏书票，这些人都是美第奇们乐于在姓氏方面与之有所关联的杰出、重要的人物。“所有这些都意味着什么？”渣甸认为：“意味着一种不难想见的自我促销的手段，在公众

面前为家族姓氏增光添彩，在这个过程中，图书碰巧成为这种传统而明确的褒扬和宣传所需付出的人工制品方面的代价。”在图书馆里，美第奇可以展示他们作为知识分子的诚实、作为管理者的精明，以及与文艺复兴的价值观念保持一致的立场——他们可以公开表现这些东西。一个有权势的家族对于重要图书的掌控，显示出他们在知识学术方面的权威。图书馆中的收藏诠释了中世纪时期一出公开上演的家族戏曲，这部戏曲的主旋律，就是试图在公共领域培植和影响人们的现代意识。

在中世纪，对于书籍甚至知识本身的获取，都严格遵照“需要了解”的原则。人文主义与阅读的政治经济原则唱反调，它不但提供新种类的图书，换句话说，即重新发现的往昔经典，而且提供阅读他们的新角度和新方法。王子们不再仅仅从神职人员那里接受指教，古典文学为统治者和军队的指挥者们提供了大量的学习资源。在回忆乌尔比诺公爵费德里戈的时候，托斯卡纳的书商韦斯帕西阿诺·达比斯蒂奇，为我们描绘了一位激进的人道主义意义上的理想王子形象：“对于一位领导者来说，要想在军队里出类拔萃很难，除非他是……一个文化人，将过去当作现在的一面镜子。一位掌握拉丁文的军事将领比那些不懂的人有着明显的优势。”不过，在15世纪下半叶，费德里戈并不是最后一位从事古代经典阅读的统治者，也不是最后一位修建图书馆来储存和保护它们的人。人道主义早期的能量和
权威是建立在王子们的虚荣之上的。 69

韦斯帕西阿诺自己为此提供了充分的证据：他的《十五世纪名人传》（*Lives of Illustrious Men of the XVth Century*）一书，是关于权势显赫之人及其所建图书馆的系列记述。当然，韦斯帕西阿诺自己的职业生涯也是一个值得关注的方面：一位佛罗伦萨的书商，曾经帮助梵蒂冈图书馆、劳伦森图书馆以及乌尔比诺公爵费德里戈的图书馆搜集图书，他只是通过为他们购置和复制图书而结识了其笔下所描写的那些杰出人士。这正是关键所

在：说明一个书商有足够的渠道接触意大利文艺复兴时期那些最著名的人物，而且还能为他们撰写重要的个人传记。

收集稀有和重要的图书，并将它们分门别类放置于图书馆的观念贯穿了这些人的一生。我们可以看到在他们的时代，图书和阅读的性质的确发生了根本的变化——这一点就体现在图书馆的建设上。突然之间这一切变得如此重要：把大量的图书放置在一个地方，确保他们不仅仅面向朋友、家人，以及受到资助的艺术家和作家，或者私家住宅的居民，而且也面向公众——就是要将私人的阅读行为演变成一场全民的互动。文艺复兴时期，浓厚的私人阅读风气不仅在学者中再度盛行，也进入了公共生活领域。图书馆的大量出现，并非是因为数年之后书籍印刷时代的来临，对于大量书籍的渴求早在印刷术出现之前就已经产生了。韦斯帕西阿诺在关于乌尔比诺公爵费德里戈的回忆中写道：

> 70 （公爵）自己想做一件一千年，或者更长时间以来都没有人做过的事：那就是创建一座有史以来最好的图书馆。他毫不吝惜人力和物力，如果知道有一本好书，不管是不是在意大利，他都要把它弄到手。从他开始创建图书馆到现在已经至少有十四年了，他一直在乌尔比诺、佛罗伦萨以及其他地方雇佣着三十或者四十位书写员为他服务。为了建一座好的图书馆他所采取的途径是：从拉丁文的诗人作品开始，包括关于他们的看起来有价值的评论；接下来是演说家，包括塔利*以及所有拉丁语作家和有价值的文法学家的专著，几乎穷尽了这一领域所有代表作家的作品。他同时搜寻所有关于用拉丁文写就的知名历史著作，不仅如此，还囊括了被翻译成拉丁文的希腊史学

* 公元前106—前43年，罗马政治家和演说家。——译者注

家和演说家的作品。公爵还渴望拥有所有关于道德和自然哲学方面的拉丁文或者从希腊文翻译成拉丁文的著作。

韦斯帕西阿诺所记载的费德里戈图书馆的图书名单有几页纸之多：基督教神学家、古代学者们的著作，翻译成拉丁文的希腊文作品，拉丁学者在哲学和神学方面的著作，占星术、几何学、算术、建筑、绘画、雕塑、教会法规、医学等方面的图书，其中包括阿维森纳、希波克拉底[*]、伽林[**]、阿威罗伊[***]、博伊西斯[****]的著作。现代作家如但丁、彼特拉克、薄伽丘的作品亦在其中。亚里士多德和柏拉图著作的全部版本（跟圣经一样，“写在最好的羊皮纸上”）。希腊诗人们的作品、托勒密的《宇宙学》（*Cosmography*）、希罗多德、修昔底德、狄摩西尼[*****]的著作“以及所能找到的希伯来语书籍”等等，不一而足。“公爵大人”，韦斯帕西阿诺写道：

> 完成这个高贵的项目已经花费了高达三万达克特……还决定用红绸和白银对每位作家的作品做一番适当的装帧和修饰。从圣经开始，作为最重要的书籍，他用金丝锦缎作它的封面，接下来用红绸和白银来装帧希腊和拉丁神学家、哲学家和历史学家的作品，以及医药、现代神学家的作品，真是琳琅满
> 目。在这个图书馆中，所有的图书都精美无比，用水笔写成， 71
> **其中只有一卷印刷品，显得很不协调**。（此处做了强调）

* 希腊名医，被尊为“医药之父”。——译者注

** 古希腊名医及有关医术的作家。——译者注

*** 穆斯林博学者。——译者注

**** 公元六世纪罗马哲学家。——译者注

***** 公元前384—前322年，古代雅典雄辩家、民主派政治家。——译者注

大图书馆并非像有些人后来所分析的那样，是因为经济和印刷技术的提高而涌现出来的，而是因为公爵、商人和教皇们对于文艺复兴时期所兴起的新思想的渴求。尽管存在着出版自由的挑战，对于大量知识的掌控仍然为他们行使特权提供了新的依据和保障。

关于科西莫·德·美第奇，韦斯帕西阿诺这样写道：

> 科西莫，通晓拉丁文，很少有人像他那样在首席公民的位置上，在日理万机的情形之下还追求这些。他性情严肃，倾向于跟身份高贵而不轻浮的人共事。对于那种庸人、演员以及不善于利用时间的人不以为然。他尤其倾慕那些文化人和立志为社会谋求福利的人。他主要与艾姆布尧哥利奥·德格力·阿哥诺利教士、梅塞尔·利奥纳多·阿莱佐、尼克劳·尼克利、梅塞尔·卡洛·阿莱佐和梅塞尔·坡格奥等人倾谈。

科西莫雇佣韦斯帕西阿诺筹备位于圣洛伦佐的图书馆，后者“将教皇尼古拉斯的图书馆作为样板，雇佣了四十五位书写员在二十二个月里完成了两百册图书的抄写和复制”。在这里，我们看到科西莫试图在他的图书
72 馆建设上引起公众的注意，而韦斯帕西阿诺则助了他一臂之力：大笔投资的意愿，雇佣的书写员大军，不遗余力地挑选文本，都体现出一种前所未有的对于知识的热情，也显示出新思想与权力的树立之间所存在的那种切实的关联。

计划兴建圣·马可图书馆的时候，科西莫从很多方面吸取了灵感，当然也包括书籍本身。其中，最清楚不过的一个模式就是新建的教皇尼古拉斯五世的梵蒂冈图书馆。可是，对他来说，更重要的理念则来自他的朋友，也是他在收藏方面的对手，人道主义者尼克劳·尼克利。尼克利

并不只是科西莫·德·美第奇的密友，还欠了他很多债。尼克利的遗嘱规定，以他所收藏的图书为基础建立起来的图书馆应该对“所有公民和学生”（omnes cives studiosi）开放，图书的管理和出借都要在信托委员会的指导下进行，委员会的成员们共同行使图书馆长的职责，科西莫是其中之一。尼克利死于1437年，死前陷入了财务危机，没有能力拿出足够的达克特为他心爱的图书建起一个家园来呵护它们。科西莫趁机介入了进来，他排挤委员会里的其他成员，通过为图书馆的建设提供必需的资金来保证自己的控制权。就这样，他将图书馆的建址移到了他正在筹建的圣·马可修道院。科西莫还在图书馆的入口处竖起一座大理石石碑，宣称自己是尼克利图书馆的拯救者，并宣示了他自己关于公共图书馆的宏伟蓝图。

韦斯帕西阿诺的回忆录展示了书籍和图书馆如何发挥着作用，以及如何被发挥作用。对于促成这些作用发生的赞助商、教皇和王子们来说，所谓写作不过是一种书写员的工作。经典被复制，新的著作响应赞助商们的渴求，也应运而生。在赞助商的想象中，他们才是作品的创造者，这一点对他们来说再清楚不过。我们不得不说，他们只是把作者们的投入看作是停留在金钱层面上的价值。文艺复兴时期的图书馆就是这样建立起来的，建立在不断累积的渴求之上。 73

并非是世俗王子，而是天主教教宗的追求为文艺复兴时期的图书馆建立了标准。尽管未能在生前看到梵蒂冈图书馆的完全建成，教皇尼古拉斯五世却有这样的设想：“我们应该建设一座图书馆，拥有所有拉丁文和希腊文的图书，以便使学习者觉得方便，同时与教皇及其教会的尊贵相称。”尼古拉斯将通俗意义上的方便与非通俗意义上的尊贵相结合，恰到好处地指明了隐藏在人文主义背后的政治倾向。

> 教皇建图书馆并不是新鲜事，早在迦修多儒的时代，教皇就开始为自己筹措图书馆。目前还没有教皇图书馆1295年之前的编目，不过，我们可以想象，这种教皇图书馆一定反映了中世纪修道院图书馆所达到的程度和旨趣。教皇尼古拉斯关于图书馆的理念要包涵更多的内容，不管怎么样，他在追求一些即使最大的修道院图书馆也无法提供的东西，他想要一种新式的图书馆。
>
> 经过整个的12世纪直到文艺复兴时期，图书馆的规模都很小。关于这类图书馆，一份20世纪的统计资料表明，9世纪，赖谢瑙修道院（位于德国康斯坦茨湖中的一个小岛之上）的图书馆拥有四百一十五册图书；10世纪，意大利的博比奥有六百六十六册，这就是当时欧洲收藏最丰富的图书馆给我们提供的数字。这类图书馆的规模经过几个世纪也没有改变多少——公元12世纪，杜伦教堂图书馆藏有五百四十六册图书，在克吕尼的那家著名的修道院，也仅有五百册藏书。

很难说在文艺复兴之前，一座典型的欧洲图书馆到底有多大，因为留存下来的编目残缺不全，不能说明问题。上述统计数字的提供者，历史学
74 家詹姆士·斯图尔特·柏蒂指出，大多数中世纪的编目只是一份简化的书名单，它们甚至很少被单独装订起来，仅潦草地记在书籍封面的背面或者书页的空白处。书目这种产品毕竟要耗费宝贵的原材料，在那个时代里，书写材料是消耗了大量劳动力才制造出来的昂贵东西，人们不大可能为次要的工具投入太多的资源。典型的编目只是罗列出图书馆中装订在一起的卷册，其中每一部卷册都有可能包涵这个或者那个、两部或者八部单独的作品。“如果在一部手抄本中有几种作品的话，”柏蒂写道，“只将第一种

作品编目就可以了。每一卷册只用简短的标题来注明，有时候并不明确，如‘维吉尔的书’（*liber Virgilii*）或者‘不同作家的同一本书’（*diversorum auctorum liber unus.*）。”他继续解释：“如果藏书量较大，其中有些部分一定是被复制的，在较大的图书馆里，这一类的图书占相当的数量。例如，克吕尼就藏有十多本博伊西斯的《哲学的慰藉》（*De consolatione philosophiae*）。”奥古斯丁*的作品是中世纪图书馆的收藏主体，仅次于圣经。“中世纪的编目者们对奥古斯丁的关注，表现在他们不约而同地把他的名字列在书目名单的第一位，圣经之后的第一位。”在中世纪的图书馆，奥古斯丁的作品所占据的分量——《上帝之城》（*De civitate Dei*）是其中最受欢迎的——对现代读者来说有些不可思议。柏蒂注意到：“公元10世纪的洛奇图书馆所拥有的五百九十卷图书中有九十八卷是奥古斯丁的作品，12世纪的贝克拥有三十六部奥古斯丁的作品，同一时期，位于瑙姆堡的圣·莫里斯修道院图书馆所拥有的一百八十四部手稿中有九十八部是奥古斯丁的作品。”这些数字显示，大图书馆可能把自己的资源出借给那些较小的图书馆，以便它们抄写复制。或许那些从事抄写工作的修士们为图书馆增加收藏的同时，也在为自己寻求指引。除了圣经，博伊西斯和奥古斯丁的作品是中世纪人们阅读的主要书目。 75

但是，即使在文艺复兴之前的几个世纪，图书馆也在一直不断地变化。在欧洲的城市里，大学已经出现，其效仿的对象是伊斯兰世界的智慧书院。大学启发了尼古拉斯的灵感，同时也成为他主要的竞争对手。大学图书馆随着教员们的好奇心一起快速发展。巴黎索邦大学图书馆的规模在12世纪戏剧性地扩张起来，成为大学将欧洲图书馆的变化带给这个世界的一个例证。理查德·劳斯和玛丽·劳斯这对学者夫妇全面地研究了它的书籍编目，证明了古籍抄本数量的快速增长标志着图书馆的性质在质量和

---

* 公元354年—430年，古罗马基督教神学家、哲学家，著有《忏悔录》。——译者注

数量方面的改变。事实上，在13世纪中期，大学的图书还没有被集中起来组建起一座真正意义上的图书馆，它们主要分布在大教授们的手里，为他们自己的学术研究服务。只有当一位教授外出旅行的时候，才会将它们储存在公共书柜里。但是，就在这个世纪的后几十年里，大大小小的遗产捐赠——从四本书到三百本书不等，使大学的图书数量翻了一番。到1290年，这家图书馆拥有一千零十七本书，这个数字比组建一座图书馆所需要的书籍数量多了将近一倍；索邦的第一份比较全面的书籍编目就被注明做于1290年。

为了使书籍摆放有序，索邦图书馆的拥有者采用了一种新的方法：字母排序。劳斯夫妇写道：“中世纪不太重视字母顺序，因为他们更重视的是思想意识方面的秩序。”中世纪的时候，人们认为：“宇宙是一个和谐的整体，其中每一部分都相互关联。作家或学者的责任就是探察他们之间的关系纽带——等级或者顺序、相似或者差异等等，并将各种关系通过自己
76 的作品表达出来。”对于文本分析的深入伴随着另一符号系统在欧洲的出现——阿拉伯数字系统。公元13世纪中期，牛津的学者们首次运用数字来计算和标示手稿中的字行。劳斯夫妻写道：“当科技史学家们抱怨西方在接受‘完全不同的’、从革命性的零概念出发的（阿拉伯）算术方面显得非常迟缓之时，索引的编撰者却与他们相反，完全无视什么算术上的分歧，毫不犹豫地采用了这些数字符号，归根到底，就是因为它们为顺序的保持提供了无与伦比的办法。”就这样，巴格达的穆斯林图书馆在公元8世纪发明并采用的阿拉伯数字，首次在像牛津这样的欧洲大学图书馆里找到了自己的家。

这些图书馆遭到了瓦拉和彼特拉克等后期人文主义者的蔑视。他们经常抱怨说，一份珍稀的手稿通常被埋没在中世纪的收藏里，无人阅读，然后烟消云散。或许我们可以这样说，中世纪的读者对于文本的呵护和尊重

不能满足一位人道主义者的怀疑精神。惊异于手中书籍的起始以及完成的艰辛过程，安东尼·格拉夫顿在《罗马重生》（*Rome Reborn*）一书中指出："文艺复兴时期的知识分子们明白，一本书——尤其是一份手抄书稿，通常具有历史和文献的双重价值。"格拉夫顿继续写道：

> 中世纪晚期的学者们仅专注于一些精挑细选的有限的文献——尤其是那些与大学课程的讲解和讨论有关的……文艺复兴时期的收藏家和学者们开始重定和扩展这个范畴。他们遍寻了整个欧洲的私人与机构图书馆，尤其是修道院，目的是寻求曾经在中世纪早期，即尚未进入墨守成规的时代之前，77
> 曾经被复制和研究过的珍稀文献……梵蒂冈成为这种新兴的学术风尚的中心。几位教皇，尤其是尼古拉斯五世，他们支持15世纪早期那些海盗式的猎书者，这些人可以偷取任何他们无法复制的图书……

经过所有的喧嚣和努力之后，大学图书馆最终采用了一种模式，13和14世纪的学者们又不遗余力地对这种模式进行了扩展完善和系统化。

禁不住韦斯帕西阿诺的唠叨，尼古拉斯终于答应收藏那些正在影响人们生活变化的书籍。在他死前，他所制定的这个藏书项目并没有取得多大的进展，他的继任者，希斯塔六世继承并扩大了这个项目的规模，为其提供了第一座建筑。他还首次任命了三位秘书长，他们分别是希腊文、拉丁文和希伯来文这三种古老语言方面的专家，这三种语言对于文学、历史和神学来说最为重要。这个秘书长的职位保留至今，其职责就是负责给梵蒂冈图书馆的藏书进行编目，同时也是首席行政项目官员。

那些秘书长们所做的编目对于新兴的学术研究来说至关重要。他们分别详细地罗列出自己所负责的那部分图书的名称和内容，再综合起来形成一份完整的以字母顺序排列的书目。这种方法有些笨重，后增加的图书目录不得不补写在那页纸的空白处，或者在其所属部分的最后单独列出。不过，其提供的细节，后来证明对于人文主义研究来说意义重大。

1475年，由当时图书馆的“管理者”帕尔梅尼奥和马默西诺主持编写的一份编目对我们尤其具有启发性，因为它不但让我们知道了图书馆拥有
78 哪些书，还告诉我们这些图书是如何被组织和排放的。在图书馆的第一个房间里，屋子的每一边都放着一排桌子，在这些桌子上，很多图书按照主题排放在一起。桌子的排放所依据的图书类别顺序是：左边第一张桌子上摆放的是圣经，下一张桌子是教堂神父们的著作，接下来的是神学家、圣徒以及教规法典和现代神学著作，整个房间的布置反映出这里绝对是分等级的。根据这种分类，圣经对面的桌子上放置的是哲学著作：即亚里士多德以及他的研究者阿威罗伊和阿维森纳、柏拉图以及赫耳墨斯·特利斯墨吉斯忒斯的作品；下一张桌子上，与神圣教会一方的杰罗姆和奥古斯丁的作品相对，是占星术和数学方面的图书；神学家们的世俗伙伴是诗人，如奥维德和维吉尔；教会法规对应的是修辞学和演讲术。图书馆的第一个房间就是这样。下一个房间，跟书籍编目中记录的一样，存放的是希腊文的著作，摆放的顺序与第一个房间相同。尽管这种方式有它的独创性，但是，我们可以在迦修多儒的《神圣与世俗》一书中找到其二元认识论的根据，即神圣的宗教王国与世俗王国之间相互映衬并相互完善的理论主张。人道主义一方面寻求重新挖掘和体验古代拉丁文的精华；另一方面，要证明圣经和教会权威的真实性，其图书馆正是这种曾经盛行的经典对称的写照。书籍在桌子上具体是怎么摆放的，我们不太清楚。在编目中，图书的标题是按照字母顺序排列在同一主题之下的。这家图书馆和它的编目反映了，最迟到公元15世纪，知识的理性秩序与字母的专制秩序之间还错综复

杂地纠结着。到公元18世纪，不断扩大的收藏使老式编目不再适用，新的编目宣示了专制的胜利——完全依照字母顺序，不再考虑任何关于主题什 79
么的理性臆想和分歧。

然而，受到这种经典对称式知识体系滋养的学术并没有一直站在教会的一边。洛伦佐·瓦拉利用图书馆培植出来的新的学术方法证明——《康斯坦丁的赠予》(Donation of Constantine) 这一份文件，宣称第一位皈依基督教的皇帝将罗马赠予了教会，是伪造的，完全是一场骗局。而《康斯坦丁的赠予》是教皇宣称对罗马拥有权威的主要根据。公元16世纪，图书馆员吉洛拉默·瑟勒托为宗教法庭起草禁书名单时，将瓦拉批判《康斯坦丁的赠予》一文的作品也列入其中；像佐西玛 * 的历史著作——据安东尼·格拉夫顿的说法，反映了“异教徒们对于罗马归顺基督教这一壮举的低俗之见”，则被他藏在“梵蒂冈图书馆中最隐蔽、最幽暗的角落”，一位沮丧的法国读者曾经这样抱怨。在反宗教改革时期 (The Counter—Reformation)，瑟勒托发现了图书馆员们长期以来就心知肚明的一点——图书馆通常也是把书藏起来的最好地方。但是，瑟勒托并不满足于仅仅让那些不受欢迎的图书藏而不露，他还会焚烧它们，他曾经将一套谴责罗马教会的拜占庭文献付之一炬。

瑟勒托掌管图书馆的时候，米歇尔·德·蒙田曾经来访，并成功地绕过了政治方面的纠缠，“我在图书馆里没遇到任何阻挠”，他写道：

> 任何人都可以来看书，也可以摘录任何他感兴趣的东西，它几乎每天早晨都开放。我享受了全程陪同，并得到准许，可以随时来使用它。我们的大使当时正要离开罗马，走之前都没能看到它，他抱怨说，有人让他去拍图书馆的主人瑟勒

＊拜占庭时期的历史学家。——译者注

> 80 托主教的马屁，以此来换取（在图书馆阅读的）准许。他还说，他从未有机会看到那部他非常渴望看到的手写的《塞内加》（*Seneca*）。幸运降临到了我的头上，根据他的遭遇我以为自己也没什么希望，机会和时机常常把特权授予普通百姓而不是国王。好奇心跟伟大或者权力这两者一样，也能找到它的晋身之路。

对于梵蒂冈图书馆来说，这种雕虫小技在以往的岁月里常常奏效，但是今天，它是世界上最令人愉悦的学术图书馆。为了使用它，学者们必须排队通过一道门，这道门由穿着马甲、操各种语言的瑞士卫兵把守；然后经过一段长长的路进入梵蒂冈的领地；沿着鹅卵石铺就的小路，在高墙下的阴影中，穿过一道道拱门，罗马无所不在的车马嘈杂就此逐渐远去。学者们的忙碌和满意的低吟充盈着宽敞、明亮的阅览室，热情的职员们回答着问题，满足请求，耐心地等待，等待那些操着各种语言的客户们把他们的需求融炼成可以理解的意大利语。这里或者那里，坐着一些穿着修士服的修士和穿着修女服的修女，他们的脸庞沐浴在笔记本屏幕的光线之中。穿过外面的庭院，一座小小的咖啡馆，依傍着文艺复兴时期的一座大型喷泉的废墟而建，为读者们提供上好的浓缩咖啡和糕点，以及下午茶时免费的意式馅饼。读者们一边站着品尝馅饼，一边与图书馆员们和学生们聊天。整座图书馆洋溢着活力和愉悦，尽管拥有这么多珍稀图书和手稿的图书馆通常会让人感到有些压抑，但是，那些书显然就在那里，瑟勒托曾经
81 努力想把它们藏在阴暗的角落里，最终还是失败了。

四、书的战争

15到16世纪，书籍的数量在急速增长，令人产生了兴奋和焦虑混杂的情绪，这方面并不仅仅体现在梵蒂冈。人道主义者们对于古代经典的着迷已经从颠覆性的学术热情发展成具有权威影响力的举措。当科学威胁到神学至高无上的权威，及其在政治领域的合法性，统治者们开始在古代经典理念中寻求对其权力的支撑。从这个意义上说，图书馆，正在经受着书籍数量和种类的增长所带来的变化，成为各种思想观念逐鹿的战场。它应该是一座智慧的储藏室——以便为那些身负统治之责的人们提供超越时间的理念意识；还是一座书的花园——在那里，知识就像五颜六色、种类各异的花朵一样生长、繁殖，繁荣茂盛。

哈佛学院在纷争中进入了人们的视线，事实上，这座学院就是从一座 82
图书馆开始的。一位名叫约翰·哈佛的清教徒牧师捐建了这个学校。1635年，他在剑桥的以马内利学院（Emmanuel College）获得了硕士学位，之后移居到马萨诸塞州，在查理镇传教。三年之后，他去世了，去世前把他的财产捐献出来，以便为附近村庄纽敦镇上的传道士们建一所新的学校。其捐赠的主要部分就是一个有着约四百卷、二百六十种图书的图书馆。哈佛的收藏反映了他的清教徒信念：其中四分之三的书籍是神学著作，大多数是关于圣经的注解以及清教布道书。古代经典部分有西塞罗·塞内加和荷马的作品，除此以外，再没有其他文学方面的书籍，这就是一位在新世界贫瘠的殖民地上辛勤工作的清教牧师的收藏。但是，这些图书使这个小小的学院得以建立，为其提供了所需的坚实的知识根基。学院对此充满感恩，以这位去世的捐赠者的名字为自己命名，还将纽敦镇改名为剑桥，因为那是他母校的名字。

作为一所清教徒的学校，哈佛学院诞生在这样一个时代里：英式教育，与光荣革命*之前的英格兰社会一样，被各种宗教立场搞得四分五裂。在伊丽莎白女王在位期间，英格兰的知识分子们受到了文艺复兴的感染，对所有的一切都感到好奇。在英格兰思想界领风气之先者就是弗朗西斯·培根，早在都铎王朝时期，他就号召思想家们不要在意词句，而要关注事物——将中世纪时期那些拘泥于字句的把戏搁置一边，注重观察和实验。他将所有人类知识分为三类——记忆、智慧和想象，这成为经验主义哲学的组成原则。在这一体系之下，培根避开了宗教和世俗的差异，转而强调人类头脑中各种思
83 维惯式之间的联系，这与经典认识论的主张不谋而合。他的分类法影响深远，1751年，狄德罗在他的《百科全书》第一卷中就采用了这种方法，它也被称为现代图书馆分类法的先声。与同时代的大多数人一样，培根明白，思想与人类的所有痛苦一样，是亚当和夏娃堕落的产物；但是，与之前的任何思想家不同，他相信这种堕落不是不可避免的，可以使我们避免堕落，从而再度获取“神赋与人类的支配自然的权力”——其途径只有通过思想以及思想的产物。“让我们希望，”他写道，“人们会得到源源不断的帮助，或者是做出一系列的发明来征服和克制人类的需求和苦难。”

但是，克伦威尔死后，复辟时代来临，英格兰知识分子的状况发

*1688年发生在英国的一场非暴力政变，国王詹姆斯二世遭到废黜。通过这场政变，英国议会与国王势力之间近半个世纪的斗争，以议会的胜利而告终。——译者注

生了改变，培根的影响也开始分化。1664年，对英国圣公会（Anglican Church，英国国教）的势力和权威提出质疑的异议人士和新教徒们已经被赶出了大学，通向权力和地位的最稳妥的路径就这样被封锁了。持异议主张的牧师们于是建立起自己的学术机构，在那里，清教神学和培根的科学思想成为剑桥和牛津大学经典课程的主要部分。这一结合在我们今天的时代里，在宗教和世俗、创造论和进化论的战争中，看来有些不可思议。但是对于17世纪的人们来说，圣经考据和科学认识论的渊源是相同的，它们都符合培根的思想原则——相信摆在眼前的证据。这与那些更为世俗的经典课程形成鲜明的对照，在那里，传统的权威以及模仿效法的价值受到了无条件的推崇。

查尔斯·莫顿是开设圣经与科学这一异端课程的先驱者之一。他从1662年（异议人士被驱逐出大学的那一年）到1685年主管着一家学术机
构，在此期间，这家机构成为最知名、最受尊敬的学术机构之一，闻名世 84
界的丹尼尔·笛福*就是令其感到骄傲的毕业生之一。后来，在英格兰，生活对于拥有莫顿这种信仰的人们来说开始变得危险，于是他移民到了美国，并成为哈佛学院的副院长。严格来讲，哈佛并不是一个异端的学术机构——毫无疑问，正是这一点吸引了莫顿，它的价值超越了这个层面：它是一所真正的学院，享有殖民政府授予的所有特权。在英格兰，清教徒们早已渗入到各种教育机构之中：约翰·哈佛的母校，以马内利就是由清教徒们捐建的，是异端思想进入古老剑桥的一个具体例证。但是，只有在马萨诸塞——这个宗教的乌托邦乐土上，一个清教徒的学校才能光明正大地存在。哈佛学院将成为剑桥和牛津的清教联盟，在理性与天命之间协调，并成为男孩转变成男人的力量源泉。

经过整个17世纪，哈佛学院图书馆缓慢而不规律地发展着，仍然依

* 《鲁滨逊漂流记》的作者。——译者注

赖于捐赠者的慷慨（这种依赖并没有改变过，只是捐赠者的数目以及他们的捐赠物品有了变化）。在这个发展过程中，它主要还是一个神学图书馆，符合学院为马萨诸塞海湾殖民地培养牧师的使命。1679年，图书馆收藏了英国清教牧师西奥菲勒斯·盖尔的书籍，跟哈佛的藏书一样，其中大部分是神学方面的图书。图书馆断断续续地发展起来了，但是，图书馆里的条件却仍然很简陋。后来的一位捐赠者，来自伦敦的托马斯·霍利斯就发现这个图书馆的条件令人无法容忍。1725年，他给学院写了这样一封信：

> 在下认为贵图书馆管理不善……人们需要座位坐下和阅
> 读，还需要一些保护措施来保护那些宝贵的书籍……您却允
> 许人们随意地把它们带回家，那些（孩子气）的学生们把书
> 85 籍带回他们的寝室，把其中的画片和地图撕下来，装饰他们
> 的墙壁。这种事不太好。如果您需要空间来存放现代的图书，
> 可以把不太常用的书放在一个更僻静的地方，不应该卖掉任
> 何书籍，毕竟，它们是人们捐献出来的。

霍利斯的批评伴随着他的慷慨，而他的后人们也在不断地效仿。由于这个家族的捐赠，使这个图书馆的藏书扩增到大约五千册之多，使之成为英属北美殖民地最大的图书馆。可惜，1764年1月的一个寒冷的夜晚，发生了一场火灾，整座图书馆都付之一炬。那时候，这座图书馆的图书全面而彻底地反映了培根的全部学术范畴：记忆、智慧和想象。即便是这种囊括了各种范畴和理想的图书收藏，仍然可以被轻松地安置在哈佛礼堂楼上的一个大房间里，书籍被按照尺寸摆放——以便更有效地利用空间，在大约二十三个书架上。

到哈佛图书馆遭遇火灾时为止，英格兰学术界的面貌再次发生了变化。

异端人士引进校园的科学思想开始在大学占据主导地位，即使这所培养传道士的学院，位于大英帝国扩张的最前沿，也需要稳定的图书供应。另一位霍利斯，托马斯·霍利斯五世，捐出了五百英镑，作为图书馆收到的第一笔用于购买图书的捐赠资金，这家图书馆由此开始稳步恢复和发展。今天，这所大学的网上编目——哈佛网上图书馆信息系统，就简称为“霍利斯”（HOLLIS：Havard On Line Library Information System），收录了超过一千万本图书，霍利斯资金的收益今天还在不断地被用来购买书籍。

哈佛火灾之前的一个世纪里，图书馆在规模、图书种类以及目标作用方面都差强人意。那几个拥有图书馆的异端学术机构所拥有的收藏与哈佛不相上下，其中包括布道书、神父们的著作以及启示录一类的小册子，也 86
有一些令人似懂非懂的历史书和“哲理方面的”杂志，在里面，还可以找到关于最新科学发现的文章。有感于捐献者的慷慨以及他们进步的思想意识，哈佛虚心接受批评，像其他异端学术机构一样，准许现代作家的作品进入它的图书馆。与之截然相反，牛津和剑桥图书馆对这种吵嚷根本没有兴趣。并不是说这些大学的图书馆不收藏或者说买不起那些热门的科技图书，这些图书正是在大学教工们的笔下形成的。但是，即便可以在这里学习科学，也可以广泛而有效地阅读，对于“现代”教育的排斥在牛津和剑桥的尖塔、密室和角落之间仍然坚不可摧。大学学院并不关心它们是否培养出了科学家、工程师以及艺术家，而是如何把年轻的绅士们转变成政客和圣公会（Anglican Church）的领导人。最使其令人诟病的是，即使像牛顿和波义耳这样的科学家，也无法对本科生的课程设置发挥任何影响。为教会和世俗权威而培养的学生们既不能在正式的课堂上，也无法在私人辅导中系统地接受“自然哲学”的教育。因为没有课程介绍图书馆中的科学图书，大部分学生甚至不知道它们的存在。

要把有前途的男孩子们培养成充满力量的男子汉，至关重要的课程既不是神学，也不是科学，而是古典学，其中最棒的一个课程是由威廉·坦普尔准男爵讲授的。作为一位政治家，享有盛誉的外交家以及失意的古典主义学者，坦普尔于1690年代退隐到他位于萨里郡的领地——摩尔庄园
87 (Moor Park)。在那里，在他的秘书，一位叫做乔纳森·斯威夫特*的年轻的远房表亲的帮助下，他将全部可用时间都投入到学术研究之中，这些研究就跟这位外交家的早年职业生涯一样，充满了争论、密谋和奔走。这是17世纪末，一场新的争论正在英格兰的知识精英中愈演愈烈——这是一场在结束和超越了清教与圣公会之间的冲突之后而产生的争论。它起源于一个关于发展和进步的问题：即人们是否可能、甚至值得期待在古人的智慧之上建设什么？

坦普尔从一开始就在关注着这场争论。他知道，1687年，夏尔·佩罗在法兰西学院朗诵了一首诗，庆祝路易十四大病痊愈。在这首诗中，他赞美了国王和他所代表的这个时代，将其粉饰成一个超越了古罗马荣耀的黄金时代。佩罗的朗诵所引发的争议导致大量的小册子洪流一般奔涌而出，几乎淹没了巴黎的印刷业。在英格兰家乡，牛顿的理论正在对大学争吵不休的课堂产生深远的影响，它试图在大学冷酷得像钟摆一样死板的形象与富于创造力和个性的上帝之间进行协调。在关于古代与现代的这场新兴的争论之中，坦普尔一直战斗在最前沿，然而随着争论的深入，他越来越感到沮丧。那种认为现代作家可以与荷马和品达一样伟大的想法刺痛了他。坦普尔坚定地站在所谓的古人们一边——与这样一群人站在一起，他们相信古代经典作品代表着地球人类所能达到的最高成就，而那些现代作者们所能做的不外乎就是模仿，执著而谦逊地效仿古代诗人、历史学家和戏曲家们所创造的无与伦比的经典模式。看到卓越的古代经典在国内外都受到质疑，坦普尔全身心地投入到这场争论之中，毫不犹豫地把战火引到了英

* 即《格列佛游记》的作者。——译者注

格兰海岸。1690年，他出版了一个小册子——《论古代与现代学术》(*Of Ancient and Modern Learning*)。

在文中，坦普尔提出：现代学术的主要问题是对书籍的依赖。我们并 88
不需要更多的书籍，他写道：古人留下的书已经足够多，先辈们还留给我们学识和旨趣。单纯地增加图书的数量并不能保证智识与旨趣的提升。现代学术太拘泥于象牙塔之中，文化生活应该像当年的古罗马那样，充满个性和政治色彩，最重要的是充满活力。“现代学者们，”坦普尔说，“走得太远了，他们一味地遵循书本，而不是人性的指导。人才是活的导师，而书是死的，就像一只镌刻着符号的手，可以为你指引这条路直线的方向，但是却无法告诉你下一个转弯应该在哪儿，不能解决你的疑惑，也不能回答你的问题……”一个人需要阅读的图书，其实很简单，他明确主张：就是那些最古老的，写于荷马所处的黄金时代的著作，这些图书并不应该由吹毛求疵的文献学家们逐字逐句地进行科学的解剖和研究，而是要充满敬意地阅读，就像阅读阐述尘世力量之源的圣经。坦普尔还拿希腊独裁者法拉里斯的《书信》(*Epistles*)和伊索的《寓言》(*Fables*)两本书作为例证，因为这两本书长期以来被认为是最早的经典作品。

坦普尔所选择的例证在很多方面都令人失望。法拉里斯是那种令人痛恨的人物，他残忍地把敌人活活地放在铜牛中烧烤，从而为自己赢得了暴君的名号。当然，对于坦普尔来说，这并不能说明那位国王就不是一个文化人。问题在于，《书信》一书是个赝品——是古人伪造的，它产生的年代比法拉里斯所生活的年代要晚得多。对于古典学者理查德·本特利来说，这一点再明确不过，因为法拉里斯所说的希腊方言与后来的雅典希腊语，即《书信》所使用的那种，有着很大的不同。为了反驳坦普尔，他发表了《论法拉里斯的〈书信〉》(*Dissertation upon the Epistles of Phalaris*)一文，本特利在文中批评了这位外交家的不明智选择以及他那肤浅的古典主义。

正当本特利攻击坦普尔的古典主义是食古不化之际，他的弟子，年轻
89 的学者威廉·沃顿则直击坦普尔观点和主张的核心——即古人在艺术和科学方面创造了人类历史上最伟大的成就，与之相比，现代思想家的成就显得苍白无力——沃顿对此提出质疑，他认为：是现代科学手段使人们对古典世界有了更深入的洞察。他意识到这一观点会令坦普尔一派的绅士学者们感到极度不安：

> 仔细阅读古老的手稿，比较着各种不同的文本，翻查词汇术语，以及人们关于古代历史学家、演说家和诗人们的注释。对于古代希腊文和罗马文的细微之处也要明察秋毫，而关于这些的记忆，几年之后，就这样或者那样地迷失于字里行间了，这也许可以很好地证明一个人的勤奋和不辞辛苦的意愿，但是似乎很难证明他是一个伟大的天才，或者是一个可以自己做一番事业的人。

坦普尔对于印刷技术所引起的文本的泛滥很反感。沃顿也承认大量的书籍确实给知识界带来了变化——但是，这是一种良性的变化。“当一册册的书籍，被印刷机大量地复制，”他写道，“考订求证开始了，哪一种文本可以拿来作为印制古书的正确版本。”沃顿承认这种智识活动从此成为“学术时尚”。如果进步确实缓慢下来，它并非是“因为一部分人的堕落，而是因为主题在某种意义上来说被挖掘殆尽了”。沃顿进一步承认文献学被指责为“空洞迂腐”是有道理的，“因为有些从事这项工作的人似乎认为，自己的价值体现在对希腊文和拉丁文的大量引用方面，或者没有必要地卖弄自己阅读的广泛，除此之外，一无是处。”然而，他强调，如此艰苦的工
90 作总会伴随着大量的无用功，尽管制造了很多渣滓，与古代相比，文献学家们却也发掘了足够的学识宝藏，“展示了自身值得颂扬的伟大智慧，如同

近几个世纪以来的工业成就一样。”

当坦普尔看到崭新的印刷书籍呈爆炸式增长的时候，他看到的不是“工业”，而是渗透、衰落和鸡毛蒜皮式的争吵。对于沃顿来说，现代所产生的各种争议，以及因此产生的新的书籍，如果拿来与铁板一块、中央集权的罗马帝国相比，恰好证明了一种活力以及现代社会的进步潜力。在罗马帝国时期，“一种共同的利益指引着这个庞大的机体”。在文化方面与其他任何方面都是这样，条条大路通罗马——这种模式最终被证明是僵化乏味的。“然而现在，”沃顿注意到，“每个王国都立足于自己的国土上，它们互相嫉妒彼此的荣耀，无非是知识方面的成就。”坦普尔所蔑视的吵闹——尽管他也没能超脱事外，沃顿却把它当作是现代学习方式的一种组成元素：

> 争议，尽管很多时候空洞无聊，而且往往会有气急败坏的学人参与其中，然而，这仍然是一个好的现象。在某些人充满激情地确保那些古老发明的荣耀属于自己国家的时候，另外一些人则渴望以新的、不可能有人来挑战的发明，将那些无可争议的荣誉列于自己的名下。

沃顿明白，古人在创作他们的著作时充满了进步的激情和充沛的活力。他认为，著书来讨论它们，才是真正地效仿古人。但是，在坦普尔看来，这些争议以铺天盖地的词汇、注释和索引掩盖了古典文本的精华。在文献学的显微镜下，伟大的古典著作被削弱成没完没了、咬文嚼字的文本分析。坦普尔感到现代文剥夺了古典文独具的高贵、圣洁的气质。跟他的导师理查德·本特利一样，沃顿却认为这一新的风尚是一种新的感知即将到来的前兆，这方面的学术路径——考订、论文以及不断发展壮大的图书馆，在其所属的范畴同样有着崇高的特质。 91

在他们的小册子中，沃顿和本特利打击了一位英格兰最著名的贵族。进入到这个公开辩论的领域，他们在政治上的毫无防备与其在知识上的充足储备恰好形成鲜明的对照。沃顿与伟大的法兰西散文家蒙田一样，在受教育的过程中一直把拉丁文作为第一语言，他的父亲常常把他当作智力方面的神童莫扎特来炫耀，怂恿年仅十岁的威廉在英格兰的各种沙龙上用拉丁文演讲或者用希腊文和希伯来文即席表演，惊得观众们目瞪口呆。沃顿后来的导师本特利并非出身名门，同西塞罗一样，本特利出身于富裕家庭，虽属平民却最终跻身于英格兰知识界的最高峰。作为牛顿、塞缪尔·佩皮斯和约翰·伊布宁的朋友，本特利是英格兰最受尊敬的古典学专家。作为一位神职人员、神学家和公众知识分子，他很少将自己的注意力仅局限于古典文献方面，同时还就无神论和牛顿重力学理论的神学意义等问题写作文章和发表演讲。1694年，他成为皇家学会（Royal Society）会员，并受命成为皇家图书馆馆长。

这时候，皇家图书馆与比它小得多的哈佛学院图书馆一样，只有一个房间，位于伦敦圣·詹姆斯宫（Palace of St. James）厨房上面。这家图书馆的状况同样令人担忧：图书散乱地放置在书架和书桌上，毫无秩序。其收藏，就像这个房间给人的印象一样，是个大杂烩，是由几位国王以及他
92 们的速记员们组建起来的，他们的动机也是五花八门——例如，亨利七世就为图书馆添加了差不多两百册图书，其中大部分是宗教方面的；亨利八世则更像一个书虫，他不仅是个乐此不疲的收藏家，也不时阅读他所收藏的图书，很多由他送给图书馆的书上都有他做的标注。他所描绘的那些精致小巧的手形图示尤其迷人：在一本教堂用书的摘要上，一支细长优雅的手指指向这些词 De peccato in spiritum sanctum（罪在圣灵）。亨利八世似乎要在这个迅速扩张的图书馆的图书之间为他的行动寻找方向和根据——他所收集的图书尤其以新教改革方面居多，在这次运动中，他极力参与，

并在其中扮演了主要的角色。

在随后的几位国王当政期间，皇家图书馆的收藏继续增加。伊丽莎白所添加的图书很少，而且高深，它们好像主要是由朝廷会见所用的书面材料和礼品组成的，看来她实在算不上是个作家和有才华的语言学专家；威尔士亲王亨利，与她正相反，如饥似渴地收集科学类书籍；詹姆士一世则确保自己掌握了所有反对其统治的书面材料。18世纪，乔治三世在塞缪尔·约翰逊和其他人的帮助下，使皇家图书馆成为世界上收藏最丰富、也最精彩的图书馆。现在它属于新大英图书馆，在公共广场中心的一个高耸的玻璃建筑之中，从里面看，书籍精美的装订像珠宝一样闪闪发光。但是，在17世纪末，这个图书馆却是一个大杂烩，有些供国王们寻求启迪的古典著作、一些教会文献，以及一些神学政治方面的材料。

当本特利开始扮演管理者的角色之时，他被皇家收藏的这种状态惊呆了。他马上行动，争取资金，把这个图书馆从一个了无生气的好奇心陈列室变成了一个知识层次更高的国际机构。在这个过程中，他描绘了一所十分超前的综合型图书馆的景象。在一份用大张纸打印的建议书中，他列举 93
了读者在这里所遭遇到的问题：“令皇冠和整个国家蒙羞的是：图书馆在慢慢地朽坏。房间明显地年久失修，而且那么小，不可能装得下那些本该属于这里的图书……很多珍贵的手稿都急需封皮来保护。”本特利继续抱怨说：“有一千多本”书等待着被加入收藏，现在却处于“未装订和不能用”的状态——这违反了印刷法令，根据这个法令，印刷商应该将他们印制的所有书籍都送交皇家图书馆一份，以便确保版权。然而这项法令，长期以来都没有受到重视，结果是，整个17世纪在英格兰出版的几千册图书中，没有几本可以在皇家图书馆找到。本特利极力游说加强这项法令的执行。他进而建议用纸张税来建立一个信托基金，用这个基金来修筑来往图书馆的道路，以便确保图书馆的发展及其存在意义。这样做以后，他写到，图书馆应该“被设计成一个宽敞而方便的所在，每个来到这里的人都享有二十万册图书，供他们使用和阅览”。

本特利所设想的这座图书馆与当时世界上任何其他图书馆都截然不同，即使梵蒂冈图书馆也不是这样一所机构，因为虽然很宽敞，但是其收藏的图书在那时候却很难为真正的学者们提供方便。本特利的儿子稍晚的时候曾经去过梵蒂冈图书馆，写信给他的父亲，抱怨他在那里遇到的困难，那就是图书馆频繁地因为各种节日和假日而关闭。本特利关于皇家图书馆的蓝图与此截然相反，从很大程度上来说，它更接近古代综合型图书
94 馆的理想，在这方面，亚历山大图书馆是最令人难忘的例证。但是，本特利的志向却不止于此，他的宏伟计划直接指向了19和20世纪的研究型图书馆。例如，他想象中的图书馆是一个知识分子的活动中心，在这里，学术社团可以举行“关于学术问题的……会议”。

> 从知识领域的一个分支上来说，皇家学会是一个高尚的例证，这种学会因为不局限于一个主题，自由地讨论学术成就的各个方面而给国家带来了利益和荣耀。
>
> 图书馆内侧墙壁的四周可以镶嵌那些镌刻着古人名言的大理石，或者浮雕什么的，这些东西可以在我们自己的王国里找到，或者在非洲海岸、亚洲等地方也可以很容易地找到，不用花费很多钱……
>
> 有了这笔国会资金，如果情况允许，馆长们可以动用这笔资金的利息，来支付图书馆两年或三年的支出……

一份本特利的建议书目前存放在大英图书馆位于北伦敦尤斯顿路上的新家。图书馆在这座非凡的建筑中滋生繁荣，建筑是由建筑师科林·约

Before the Title of the Battle.

1710 年版斯威夫特《书籍战争》卷首插图，展示了圣·詹姆斯图书馆中的混战场面。那只蜜蜂和蜘蛛出现在图的左上方。

翰·威尔逊爵士设计的，它象征着本特利那充满激情而又形象具体的宏伟蓝图开花结果了。一本本的书从各处抵达图书馆，乘坐着它们自己的传输带、升降梯，然后出现在宽大的、充满着阳光的阅览室中。阅览室外，公众们正专注于一个展览，这个展览展示了一些世界上最辉煌的巨著。同时，各种“学术协会”在众多的浮雕之间举行聚会，在周围流动飘荡着的文本和知识激发着他们的灵感。这一切看起来都与本特利曾经向往的那样
95 一个机构，那个取代宫殿厨房上的那间晦暗小屋的机构惊奇地相似。

正是在老图书馆的那间简陋的小屋里，乔纳森·斯威夫特笔下所描绘的那场旷日持久的、关于古代与现代的争论展开了。争论进行的时候，年轻的斯威夫特是坦普尔的终身管家，他与坦普尔一样不相信所谓的进步。随着对“本职”工作认识的不断深入，对于现代思想家，尤其是皇家学会那些人的反感使他忍不住要极力发挥冷嘲热讽之能事。1704年，他写了一个故事，名字叫做：“一个全面而真实的记述，关于上周五在圣·詹姆斯图书馆所发生的一场古代与现代图书之间的战争。”就是人们今天所熟知的《书籍战争》（*The Battle of the Books*）。在书中，他把本特利所管理的那个狭窄、灰尘密布的书屋想象成一个广阔的战场——或者说他把欧洲的这场知识分子之间的争论所发生的场地想象成了图书馆，反正与圣·詹姆斯有限的收藏完全无关。在这个图书馆中，战争发生在书籍之间，不是它们的批评家和代言者之间——书本混战在一起，变换着他们的位置和模式，为自己争抢书架上骄傲的位置。跟本特利一样，斯威夫特可以想象未来将有大量的图书涌现，但是跟他的导师坦普尔一样，斯威夫特所预料的景象与本特利和沃顿所向往的有着天壤之别。

斯威夫特笔下的战争超越了图书馆房间的各个角落，实际上，它起始
96 于传说中的帕纳瑟斯山的半山腰：现代图书越来越嫉妒它的前辈们的巅峰地位，要求变换位置：

> 或者古代的（图书）自愿将自己的地位和影响降低到一个更低的位置，现代的（图书）有些风度地臣服于它们，然后进一步提升他们的地位；又或者在上面的古代（图书）忍受现代（图书）带着铁锹和鹤嘴锄，将这座山峰铲削到它们认为合适的高度。

第一次交锋之后，图书之间真正的战争，在圣·詹姆斯皇家图书馆展开了。斯威夫特关心的是那些小册子所扮演的角色，那些仓促写就、常常粗制滥造的小册子是这场有关古代与现代的争论过程中的主要媒介——因为确实是因为这些小册子的到来才引起了图书馆中已有图书的骚动。斯威夫特把这些生命力短暂的事物比作是希腊英雄们在战争之后将拥有的“战利品”。“这些战利品，”斯威夫特写道：

> 大量地记载了这一事件的功过，是关于这场战争的全面而公正的记述，以及胜利如何毫无疑问地降落在最后拥有它的一方。它们因为几点而为这个世界所熟知，例如争议、探讨、答辩、短暂的思考、回答、回应、评论、见解、反对、驳斥。

斯威夫特进一步向我们阐明这些战利品“最主要和最重大的”“被转移到某些叫做图书馆的仓库里，它们被存放在一个指定的地方，并从此被称作‘争议之作’”。这些书籍的周围“因为萦绕着那些最不安的精灵，因此它们一直被隔离在一个单独的地方”，在那里，它们被用一根“粗粗的 98
铁链子”锁在一起。这种措施，长期以来维持着图书馆的和平，然而现在却不再有效，因为一种新的书籍，“本能中带着最邪恶的灵魂”，出现在这场争夺帕纳瑟斯山更高峰的战争之中。

这些"战利品"在斯威夫特的讽刺中有着双重含义：它们是争论用的小册子，同时，它们还代表着那些堆满了古老的帕纳森图书馆的科学、文献学和通俗神学方面的书籍。斯威夫特承认这类图书并不新鲜——只是早先这些书中只有那些"最主要和最重大的"可以在图书馆中占有一席之地，现在，这类书如潮水般涌现——快得来不及装订，在皇家图书馆中，每一本书都要求占有一席之地。

渐渐地，知识分子之间最重要的一场争论，在一组新的小册子和杂志之间展开。因为绅士教育严格地限制在古代经典的范围之内，一些新近兴起的学科，如科学、政治学和经济学不在考虑范围之内，逐渐地，与之相关话的话题涌现在一些像《雅典的精神》（*Athenian Mercury*）这样的出版物中。创刊于1691年，《雅典的精神》是雅典学会（Athenian Society）的主要组成部分，雅典学会的智者们喜欢在咖啡馆中高谈阔论。其完整的刊名是——《雅典报，即解惑的精神，解决由智者提出的所有最美好、最奇妙的问题》（*The Athenian Gazette, or Casuistical Mercury, Resolving All the Most Nice and Curious Questions Proposed by the Ingenious*），这个更为全面的标题更好地表达了他们的努力：编辑们收集由读者们提出的各种问题，并为其寻求最明智的答案。每周两次，有五到十个这样的问题被公布出来，全部的问题被打印在一张比信纸大不了多少的纸上。吉尔伯特·麦克伊文在《咖啡馆的神谕》
99 （*The Oracle of the Coffee House*）一书中，展示了他对这个期刊的研究成果：《精神》是一种面向中间派人士的教育资源，如受教育很少的商店店主以及生意人，还有异端学术培养出来的专业人士。非常具有前卫眼光的是，这份刊物一贯支持工薪阶层和妇女的教育。编辑所采纳的问题范围十分广泛，似乎没有什么是他们不能回答的。其中一期的问题大概就包括："什么样的政府是最好的？”“为什么猫头鹰晚上的视力比白天更好？”或者，“如果一个男人的妻子死了，他娶自己妻子的妹妹是否合法？”

尽管不喜欢那种庸俗的好奇心——现代思想认为它是合理的，斯威夫特还是在早期的几本《精神》中看到了希望。他的导师坦普尔是为雅典学会提出问题、供其会员思考的学者之一。很明显，他鼓励斯威夫特认真对待这份以“雅典”这个城市的名称命名的刊物，并期待着这个“学会”为日益广大的读书人群提供理性和有见地的指导。实际上，斯威夫特第一份公开发表的诗歌就是“颂雅典学会”，在诗中，他赞美了这些“默默无闻，却无比伟大和高贵的人们”，他们的智慧，每星期两次充溢了两页《精神》的版面。后来，斯威夫特意识到这个“学会”实际上是由葛拉布街*的三个小混混所组成的。它的出版商和幕后策划者，一个叫做约翰·丹顿的书商就是异端学术的产物，他因为在伦敦咖啡馆中与普通民众从事书籍贸易而发了财，还曾经去过新英格兰，在那里见到了科顿·马瑟，也曾经在纳蒂克参加了为印度基督徒举办的课程，在哈佛卖过书（其中有些书大概进了图书馆）。丹顿坚决支持新种类的图书，就是那些按照斯威夫特的观点，弄得皇家图书馆乱七八糟的书籍。确实，他好像从未发现生活中有什么经验不可以用书籍的形式来表达。他不管不顾地出版了大约三十种版本的个人自传——《约翰·丹顿的 100
生活与失误》（*The Life and Errors of John Dunton*），在书中，他回忆了自己的新英格兰之旅。当他的第二任妻子没能像承诺的那样带来丰厚的嫁妆时，他以一本小册子掀起了一场诋毁其丈母娘的运动。

发现他曾经热爱的“学会”原来有着轻浮的本质，斯威夫特一定感到非常沮丧。实际上，在后来写的《浴缸的故事》（*Tale of a Tub*）中，他对丹顿以及显然更为可怖和真实的皇家学会进行了冷嘲热讽。不过，尽管丹顿的《精神》杂志是建立在一个文化骗局之上，他的作者们却尽最大努

---

* 伦敦的一条旧街，曾经是穷苦潦倒的文人聚居之地。——译者注

力诚实而全面地回答了所有的问题。他们在所有问题上都将实践上的证据置于古代文献的权威之上，当然，如果在这一方找不到答案，就要到另外一方去找。在很多问题上，他们依赖最新出现的经验科学的成果。在回答“太阳是由什么物质组成的”这个问题的时候，他们引用了当代天文学家的观察成果；在回答半人半马以及半人半羊是否存在时，他们很明确地参考了柏拉图、泰利斯[*]和普鲁塔克[**]作品中的证据。在关于古代和现代的争论中，他们的立场并不鲜明——尽管就他们为知识进步所投入的精力和承担的责任来说，他们完全是现代的。总的来说，坦普尔和斯威夫特与《精神》杂志的关系显示，这份期刊在这场争论之中，与其说是在盲目地支持一方，毋宁说它本身就是一个战场。

《精神》的编辑和读者们推进着现代化的进程，这符合威廉·沃顿所提出的观点，即应该效仿古人的精神和创造力，而不是那种空壳，即诗歌形式。最重要的是，他们如饥似渴地阅读着——这种饥渴因为约翰·丹顿一类人所提供的源源不断的书籍和小册子而得到了满足。

101 斯威夫特和坦普尔认为这些现代人的精神与艺术的真实和美并不兼容。斯威夫特及时地肯定了现代出版手段，就像肯定自己的爱尔兰人身份一样，通过写作和出版一些小册子以及期刊文章，确定了自己作为讽刺作家和爱国者的地位。花言巧语和冷嘲热讽是斯威夫特所不齿的葛拉布街的文化混混们最先使用的表达方式，现在他也要利用这些表达方式，来达到他所谓的最高尚的文化目标。但是，在古代与现代的争论过程中，斯威夫特与坦普尔一样，目睹了大量的二流书籍从丹顿这一类滑头的书店中涌出，像激流一样威胁着要吞淹他所信仰的一切。正如历史学家约瑟夫·莱文所写的那样：

---

* 古希腊哲学家。——译者注

** 古代希腊历史学家、传记作家。——译者注

> 这场书籍大战显示出文艺复兴时期的人文主义……分裂成了互相对立的派别……到1700年左右，在各种派别之间做出选择显得很有必要：模仿还是从事学术研究，遵循古代修辞的传统标准还是采用现代的批评技巧，流畅地叙事还是对古代文献进行考订和整理。

在斯威夫特看来，理查德·本特利是那种批评和考据派的主要代表人物，因此，成为他讥讽的主要目标。作为“书籍战争”中的一个人物，在发生于帕纳瑟斯山峰巅的第一场战斗中，本特利就铩羽而败，丢尽了颜面。于是这位图书馆员就千方百计地实施报复，为自己出气。他把“古代的敌人们”安置在图书馆“最明亮的套房”之中，以便将古代及其“代表们”藏在最昏暗的角落，而且还威胁叫嚷着：“最愉快的方法是”把他们都“赶出房门”。但是这位保管员自己也分不清楚，因为“图书馆的图书之间关于位置排序的问题存在着困惑”。至于这种困惑产生的原因则众说纷纭：一些人说，“从现代书架之间吹来了一股充满邪气的知识之尘，这些尘土被吹进了管理员的眼睛里”，因此引起了混淆不清；另外一些人则认为本特利一直致力 102
于“在学者们的身上找小虫子”——可是，因为批评和考订中世纪哲学家们的作品，本特利自己的身体上也长出了这些小虫子，“它们有的钻进他的内脏，有的爬进他的脑子里，导致这两个部位都无法正常工作”。还有一些人认为，这个可怜的人是因为在黑暗的角落里读书读得太久了，使得头脑分不清状况了，因此，在重新排放图书的时候，他难免潦草犯错，把笛卡尔[*]放在亚里士多德的旁边；可怜的柏拉图夹在霍布斯[**]和七贤哲（the Seven Wise Masters）之间；而维吉尔则遭到德莱顿[***]和威瑟斯的左右夹击。

---

* 17世纪法国哲学家、数学家，被称为“现代哲学之父”。——译者注

** 17世纪英国哲学家，曾经做过培根的秘书。——译者注

*** 17世纪英国文学家。——译者注

对本特利所作的漫画式的描写，让斯威夫特为文学史上的那个“俗套”——一个昏聩老迈的图书馆员，提供了首个例证。确实，整个现代图书馆的情景都在那里，生动而形象：一个有学问的学究，满嘴牢骚，灰头土脸，应付着书虫们，也被书虫们应付着，迷失在图书馆的广阔空间之中。图书馆本身是一个阴暗的地方，一个“黯淡无光的角落”，到处是阴影，身处其中的书籍和读者很容易迷失。这是一种文化的炼狱，在这里，任何种类和质量的文本都承受着被淹没自身品质的风险。这是一个郁积停滞而又困惑无聊的所在，这也是一个（嘲讽）充满骚动、知识分子之间的争斗以及文化交流的所在。从全景俯瞰到细微景致的扫描，斯威夫特笔下的图书馆简直就是荷马笔下的伊利昂*的沙滩和平原——只是全文笼罩着讽刺的语调、感情的传输——无论惊恐还是狂喜，都在愤世嫉俗和卖弄学识之间倾泻殆尽。纵观斯威夫特的整部作品，他一直在信马由缰，从一件琐事到另外一件，不停地转移着关注的焦点。

斯威夫特笔下所嘲讽的图书馆正是综合型图书馆的模型，不仅是在书籍的数量上——因为斯威夫特想象中的图书馆所拥有的书籍数量，远远多于在
103 当时任何一座典型的图书馆中所能看到的；而且在精神气质方面也是，因为书籍之间的冲突正是综合型图书馆的特点——没有现成的选择，读者们必须自己做出选择，而图书之间也得通过竞争来吸引读者们的注意。在这一点上，斯威夫特笔下的图书馆比他自己所想象的更接近于其对手本特利的期望。

斯威夫特很长寿，在其有生之年，他自己建起了一座令人羡慕的图书馆。在这个方面，他更像17、18世纪的那些有教养的绅士们。比如，吉本**在洛桑为自己修建了一座宏伟的图书馆。吉本的图书馆是一个工作性质的

* 特洛伊的拉丁文。——译者注

** 18世纪英国历史学家，《罗马帝国衰亡史》的作者。——译者注

图书馆，因为其中的图书几乎都是他在写作《罗马帝国衰亡史》这本书的漫长期间里收集而来的——其收集都密切围绕着他所关注的内容。实际上，正是他发明了卡片编目，写在纸牌的背面，以便读者方便快捷地找到所有的书籍。斯威夫特的图书馆，也是一个勤奋工作的作家、学者及牧师的图书馆。在《主持牧师斯威夫特的图书馆：原始销售目录的复本以及两份手写书籍名单的说明》(*Dean Swift's Library, with a Facsimile of the Original Sale Catalogue and Some Account of Two Manuscript Lists of His Books*）中，哈罗德·威廉姆斯（Harold Williams）把斯威夫特去世时，他所拥有书籍的情况和内容做了一个全面的说明。威廉姆斯文章的核心是探讨斯威夫特在多大程度上利用其拥有的图书进行了写作，他并不关心斯威夫特在写作有关图书馆的文章时所持的观点。但是，考虑到那个视角，我想我们可以发现创建和使用图书馆的某些方法。

销售目录包括六百五十七卷书籍的条目，其中有几卷为手稿本。其中七十三卷条目上标记着星号，意味着那些图书被斯威夫特注释过。威廉姆
斯在斯威夫特的图书馆中注意到： 104

> 神学方面书籍的数量，无论是拉丁文的还是现代文的，都不比任何一位神职人员所该有的书多，且是一位在思想品味和意识倾向方面都不太称职的神职人员。全部书籍中只有一百本多一点儿——不到六分之一的书可以用来做神学方面的研究，如果按照当时的风尚，比例实在不算大。

在斯威夫特自己的图书馆里，我们发现了他所讥讽的对象。不同于一个典型的神职人员的图书馆——例如，不同于清教徒约翰·哈佛的图书馆，斯威夫特的图书馆拥有大量的现代图书。斯威夫特在攻击现代思想侵入的

同时，他所创建的图书馆，却是导致现代化降临的文化变迁所结出的硕果。威廉姆斯继续写道：

> 早期教会神父的作品仅有伊皮法纽和德尔图良两个人作为代表，这表明主持牧师满足于通过借阅书籍来学习这部分神学知识。中世纪基督教神学方面只有阿奎那的作品……欧洲大陆神学家的著作则以加尔文和梅兰希顿为代表，还有法国作家帕斯卡、波舒哀的著作，以及理查德·西蒙的《旧约批评史》(*Histoire Critique du Vieux Testament*)，这本书在1678年出版时曾经遭到禁止。

虽然有不少英格兰神学作家的作品，但是，斯威夫特购买这些作品可能是为了形式上的需要，而不是出于兴趣。因为威廉姆斯注意到，“这些书中没有一本（在销售目录中）被斯威夫特标注过”。再加上几本神学历史方面的书，这些就构成了斯威夫特在神学方面的图书收藏的全部。斯威夫
105 特在古代经典方面的收藏要丰富得多，像是一个见识过大场面的人。其中大多数是罗马时期的著作，或者翻译成拉丁文的希腊著作，反映了奥古斯都时代的文化倾向。

威廉姆斯准确地指出：“书籍的收集常常缘于一种机遇。”斯威夫特图书馆中的很多书可能是馈赠的礼物。尽管如此，斯威夫特还是费了很大气力来定位这个图书馆的风格，确定它的格局。在规划图书馆的过程中，他觉得让图书馆给来访者留下不凡的印象与便于寻找和使用同样重要。根据1729年4月他写给亚历山大·蒲柏的一封信中所写的，最引人注目的书籍——当那些来访者们“走进我的小房间”，能够“立刻吸引其眼光”的书籍——是一套三十一册的对开本书籍，是葛瑞努维斯和葛力埃维斯所写的

关于古希腊和罗马遗物的著作。这些是斯威夫特的“小房间”中最昂贵也最令人印象深刻的书，因此它们也是这个地方的骄傲。但是，有趣的是，它们是考古学著作，因此是现代结出的硕果。斯威夫特确实希望他的图书馆能够以一种特定的方式被“阅读”——就如同任何存在差异的文本可能被阅读的方式那样。

在其漫长的患病期间，斯威夫特的遗嘱执行人做出了一份名单，罗列了他所有的书籍，为我们提供了其研究时使用书籍情况的清晰画面。书目按照房间中从左到右的书架顺序来罗列，从对开本（最大的书，每一页纸都如同现在的地图大小）到四开本（相当于标准的百科全书大小）再到两书架的十二开本（最小的书籍形式，用来印刷的纸张被折叠缩小了十二倍），全部是按照书本的大小来排放布置的。斯威夫特书籍的销售目录，是这位牧师去世时，他所有的图书被搬运到别处之后才写成的，同样是按照书本的大小来排列图书。哈佛图书馆以及当时其他地方的书籍编目也是这样。即便当年最大的图书馆，也用不着图书馆员们运用复杂的图书编目技巧来掌握所有图书的踪迹。标准很清楚：即使是最大的图书馆里的图书， 106
不论是私人的还是什么组织机构的，都适用于公认的柏拉图式的理想著作等级。即使斯威夫特图书馆的内容反映了这个理想的标准，但是，它那种按照书籍大小在书架上排放图书的方法——让大部头的对开本考古研究和插图成为所有收藏的视觉中心，却完全置这个标准于不顾。

图书排列无论采取何种原则，有一点是真的：斯威夫特的图书馆在他生命终结的时候远比他写作《书籍战争》时的皇家图书馆更吸引人，也保管得更好。稍早时，对本特利的困惑（一阵来势凶猛的知识之尘）做解释的时候，他充分利用了皇家收藏凄凉破败的状况，以便施展其冷嘲热讽之能事。他还抓住了这样一个场景：一只蜘蛛蹲伏在那个肮脏的蜘蛛网的一角，这个情景在斯威夫特的笔下有了伊索寓言一样的意义，把古代与现代之间的争论引到了昆虫领域。

有一只因为陶醉于阳光而分心的小蜜蜂，错误地从一扇打开的窗户飞进来，撞在了蜘蛛网上，扯坏了它那精巧的几何图案，蜘蛛提出了抗议。这一点反映了现代的感知，这个蜘蛛把自己看作是自我创造的，而且是自给自足的，它对蜜蜂愤怒地说："这整座巨大的城堡（显示了我在数学方面的进步）都是我自己用双手缔造的，所用的材料也都出自我自身。"它谴责蜜蜂是一个"无家可归的流浪者，……生来就一无所有，只有一副翅膀和嗡嗡叫的声音"。我想，斯威夫特甚至允许这只小蜜蜂指出了坦普尔在这场争论中对细节的忽视，当那只甜蜜的小蜜蜂错误地撞在蜘蛛网的边缘，就好像坦普尔陷入了关于伊索和法拉里斯真实性的争论之中。这只蜜蜂事
107 先研究了它的措辞，做出了一个体面的反击：

> 所有的问题都可以归结为一点——下面这两项哪一个更值得尊敬：是蜘蛛的本性——懒惰得只看得见四英寸见方之内的事情，自负狂傲，自生自足，将所有的一切都转化成它自己的排泄物和毒素，除了毒物和蛛网之外什么都做不出；还是像蜜蜂这样在宇宙间翱翔，努力学习，深入探索，明辨分毫，最后将蜂蜜和蜡油带回家的作为？

在蜘蛛身上，斯威夫特为他的读者们塑造了他们所熟悉的笨蛋学者的原型。弗朗西斯·培根自己曾经把蜘蛛作为虚设（与实验相对的）哲学的图腾，认为应该摧毁所谓天启思想的网络。17世纪富于探索精神的思想家们，包括牛顿在内，曾经运用复杂的数学公式来计算基督再次降临的时间，这对于斯威夫特以及其他正统派神职人员来说尤其恐怖。正是在这个思路的引领之下，《书籍战争》中的蜘蛛才错误地把脆弱的、有着几何图案的蛛网的颤动

和损坏当作世界末日来临的征兆。与此同时，那些被困在蜘蛛网上的“无数的苍蝇”，就是像《雅典的精神》这样的咖啡馆小报的读者们，他们很容易轻信，就这样，所谓千禧年即将降临的理论拥有了它们的忠实听众。

当蜘蛛和蜜蜂的争论接近尾声的时候，是伊索——不是那位古代的作家，而是那本书，在战争中，它逃脱了图书馆的装订夹的束缚，加入了古代战友们的阵营——关于这场纷争发表了一番恰当的评论：

> 你们尽可以用各种方法和技巧来实施你们的计划，可是如果你们的材料都是垃圾的话，你们就需要搜肠刮肚、费尽心机地应对了，而最终的结果就如同一个蜘蛛网，其寿命跟别的蜘蛛网不会有什么不同：被遗忘、忽视，或者隐藏在一 108
> 个角落之中……而我们这些古代的，我们很满意像蜜蜂那样，除了我们的翅膀和声音，也就是我们的追求和语言以外，不假装再去制造什么属于自己的东西……与其制造垃圾和毒药，我们更愿意用蜂蜜和蜡油来充实我们的蜂房，也就是将两种最高贵的事物——甜美和光明贡献给人类。

现代图书用“垃圾”和“脏腑”所编织的这张网还令斯威夫特对天庭的某些方面产生了反感。这场战争起始于帕纳瑟斯山，奥林匹斯山上的诸神从他们在天上的居所观赏着这场书籍之间的战争，现在决定要参与其中。朱庇特开始阅读天命之书——三大册对开本的……书夹是银的，双层镀金，天鸡皮革的封面，纸张类似于我们地面上所用的牛皮纸。朱庇特读出了命运的结果，胜利属于古代图书一方，于是派遣他的仆人前去实现它。现代图书的守护神莫摩斯*感到遭遇了挫折，向批判女神求助。这是

* 希腊神话中的嘲弄和非难指责之神。——译者注

一个糟糕的神祇，她的“眼球只向内看，好像只是在看她自己”，一大群小恶魔吮吸着她胸前突出的奶头，而其容量的膨胀速度比因为吮吸而缩减的速度来得更快。当莫摩斯汇报说现代图书一方的进展并不顺利的时候，批判女神勃然大怒：“是我，”她吼叫着：

> 给予婴儿和蠢蛋智慧。因为我，孩子们比他们的父母更聪明；因为我，一个花花公子可以成为一个政治家，一个正在上学的小子可以做出哲学判断；因为我，大学二年级学生可以有深度地辩论和做总结；而那些咖啡馆的滑头们，因为受到了我的激励，能够修正一个作者的风格，展示其所犯的最微小的错误，即使不理解其中的任何一个符号和语言；因
> 109 为我，愣头小子们滥用他们的判断力就像在挥霍还没有到手的财产。是我，把智慧和知识驱逐出它们曾经所在的诗歌王国，从而使我自己取代了他们的位置。是哪几个自命不凡的古人竟然敢反对我？

与此同时，在战场上，激战正酣，战争全面展开。巴拉赛尔苏斯（Paracelsus）首先代表现代出击，目标是伽林。亚里士多德做出了反应，将箭头瞄准了大恶魔弗朗西斯·培根，错失了靶心，射在了笛卡尔的身上，使其感受到了走向死亡前的天旋地转，好像一颗有着超级影响力的星星，投入到自己制造的旋涡中，这个旋涡所暗示的正是笛卡尔所提出的宇宙论的混乱无稽。这时，荷马骑着一匹高大的马儿出现了，他骑行于现代人之间，令无数的蹩脚诗人匍匐于马下。接下来，满身盔甲的维吉尔开始出击，他“骑在一匹有着灰色斑纹的战马上，那缓慢的步伐显示出非凡的勇气和毅力”。古人们的一举一动都无懈可击，精美绝伦；现代人的每一个举动都令

人感到可笑和厌恶。现在，一个强敌从现代阵营中冲出，他的盔甲还发出叮当叮当的声响；当他掀起头盔上的面罩示意要进行谈判的时候，大家认出他就是德莱顿。对他来说，这身盔甲实在太大了，以至于人在里面很难被看到。他向维吉尔求和，并要求交换盔甲，古人同意了。“然而，现代人穿上这身金光闪闪的盔甲看起来比他自己的那一身还要糟糕，”因为他实在太渺小了。“接下来，他们交换战马；可是交换了之后，德莱顿却害怕得不敢再骑了。”

最后，斯威夫特让可憎的本特利登场。“看上去，这是所有现代人中最扭曲的一个，……他的盔甲是由一千片奇形怪状、毫无关联的补丁连缀而成的。”让人联想到，有人批评本特利的学术研究领域过于宽泛。他一只手拿着打狗棒，一只手拿着一盆屎，因此很多人都嫌弃他，离他远远的。于是，他跟自己喜爱的英雄，年轻的沃顿毫不费力地来到了敌人的后方，指望着神不知鬼不觉地抓住几个受伤的古人。本特利发现法拉里斯和伊索 110
正在酣睡，就想实施偷袭，可是，两位英雄只是翻了个身，就把他吓了一跳。最后，他偷走了古人的盔甲，就得意洋洋地逃走了。

本特利接着又想喝赫利孔山的泉水——缪斯的水源所在，但是阿波罗上前阻止，只允许他的嘴唇碰一下泥地。在泉水周围，沃顿偷窥到两位英雄，其中一个他并不认识（这位无名英雄大概就是斯威夫特自己）；第二位就是坦普尔，他正在大口大口地饮用甘美的泉水。沃顿试图从后面给他一击，但是，由于他老母批判女神和守护神莫摩斯的搅和，他失手了，因此遭到了坦普尔手下的年轻勇士波义耳的追击。在雅典娜的帮助下，他的长矛同时刺进了本特利和沃顿的身体。

当然，这场古代与现代之间的争论，并没有那么简单地在“书籍战争”中得到最终的解决。但是，斯威夫特的故事却“真实地描述”了对后来的图书馆充满热情或焦虑的代表人物。古人们的形象就好比在阿金库尔*书籍大战中背水一战的一帮兄弟，印刷术的来临就好像洪水和激流。蹒跚昏聩的老学究、狂妄自大的批评家，这些形象后来都曾经再度出现。将近一个世纪之后，一个典型的例证出现在华盛顿·欧文的《随笔集》(*Sketch Book*) 中，在其中"文学的多变性"一章中，就弥漫着斯威夫特式的焦虑。欧文小说中的叙述者讲述他来到了一个英格兰图书馆，遇到了一本很古老也很愤激的书——或许是参加过斯威夫特战役的老兵，正过着凄惨无比的退役生活。

111 在故事的开头，欧文伪装成一个疲倦的旅行者，为了寻求和平与安宁，正走在前往威斯敏斯特大教堂的途中。为了躲避那些到处乱逛的男学童们，他要求教堂执事带他到图书馆去。他们在黑影中的行进过程就好像进入地下世界的旅程缩影，或者是重新回到出生地的那一段路。"他带着我经过一道大门，门口散落着很多古老雕塑的碎片"，欧文写道：向下走过一段"昏暗的走廊"，经过一个有着两道锁的门，向上还有一段"又黑又窄的阶梯"，最后来到了图书馆。令人好奇的是欧文的上、下是如何紧密衔接的，炼狱与天堂——因为尽管他们必须向上爬一些阶梯，这个图书馆自身却似乎在底层，在地下室中间——"深埋在修道院的四壁之中，与纷扰动荡的世界隔绝"，欧文发现自己处身于一个封闭的古代世界，到处是无人问津的书籍。从书架上拿起一本牛皮纸装订的书，他陷入了沉思，想到这些著作被深埋在地下墓穴之中，"任由它们在灰尘中腐坏变质，被人遗忘"。

> 我坐在那里，一只手支撑着头颅，一边自言自语，一边在想些毫无用处的东西，另一只手在一部四开本的书上轻轻敲击着，直到我无意间弄开了书夹——令我惊奇万分的是，

* 阿金库尔战役发生于公元1415年，在这场战役中，英军战胜了在人数上占优势的法军。——译者注

> 这本小小的书打了两三个哈欠，好像刚刚从一场酣睡中清醒，接着又低沉地哼哼了几声，最后终于开口说话了。

这本小小的书有着令人愉悦的性情，欧文也把这一点发挥到了极致。“开始时，它的声音有点沙哑，断断续续的，”他写道，“很大程度上是因为受到了那个蛛网的困扰，一定是某个不怕累的蜘蛛在它上面织的。”——一个小角色，斯威夫特笔下那个辛劳过度的蛛形纲动物再现了。很快地，那本书清了清喉咙，然后开始证明它是“一本极为健谈的‘大部头’”。

欧文跟那本书讨论了文学的生命，语言的变迁，以及文化声誉的不 112
确定性。这本小书与外界隔绝的时间太久了，不自然地尖叫道：“他们把我们几千册的书关在这里是什么意思？让几个老迈的教堂管事看着我们，就好像把那么多的美女关在闺房里，只是为了让牧师不时地过来观赏一下？”

欧文试图安慰他：

> 你不知道，你跟大多数同时代的书籍比起来境况好多少呢……你的同辈中没几个能留到今天；而那几个长寿的也是因为像你这样被关在了老图书馆里。这个，我有点不想说，可是我觉得你与其把这里说成是闺房，不如说这里更像是某个宗教机构的附属病房，专门用来照顾那些老迈者。

令欧文感到悲伤的是，即使图书馆也无法从时光的阴暗隧道中拯救那些书本们。“我想一家现代的图书馆，”他告诉那本小书：

> 到处都是新书，明晃晃的镀金装订，却使我忍不住要坐

> 下来哭泣：就好像英明的赛瑟斯[*]，检阅着他那威武雄壮的军队，同时想到一百年之后，他们之中没有一个人会活着。

斯威夫特的古人们也是这样“威武雄壮”，带着悲剧色彩。“在此之后，夫复何求？”(Après ça, le déluge)[**]——这声哭泣中，我们感到了书籍作为实物的短暂生命，总是威胁着书籍所表达的理想的不朽。接下来，欧文开始关注现代图书馆的扩张和膨胀带来的麻烦。他注意到早前的书籍因为稀
113 少所以显得珍贵，因为制作和得到这些图书都很难，所以人们懂得珍视和爱惜它们。“但是纸张和印刷术的发明却终止了这些顾虑”，欧文发现了这一点，而且认为“结果令人担忧”……

> 文学的溪流变成了激流——又扩大成了河流——再扩大成了海洋。几个世纪以前，五六部手稿就可以组建成一家了不起的图书馆。对于现在的图书馆，我们又能说什么呢？三四万册书在那里，与此同时，一大群的作者们在同一时间忙碌着；印刷机令人恐惧地加速运转，成倍地印制图书……这个世界将不可避免地变得好书过剩，光是记住它们的名字就可以成为人们一生的工作。现在，很多消息灵通的人，除了评论以外很少阅读其他东西，不久以后，一个博学的人大概比一个活动的图书目录也好不了多少。

但是欧文滔滔不绝的演讲开始令这本小书感到不耐烦了，“‘我亲爱的

---

* 古代波斯的一位国王。——译者注

** 这句话应该是将法国国王路易十五的“在我之后，管它洪水滔天”(Après moi le déluge)略作改动而成。——译者注

好先生'，这个四开本的小书说到，在我的面前疲倦地打起了哈欠，'原谅我打扰你，但是我觉得你太喜欢长篇大论了'。"

斯威夫特同样"太喜欢长篇大论了"。在他的预想中，一个不太成熟的综合型图书馆的形象出现了。在讽刺它之前，斯威夫特需要先去创造它。然而，这种图书馆很快就成为了现实。那些成千上万的现代书籍大军冲击着放置古书的书架，从空前繁忙的印刷厂涌来的"移民潮"无情地挤占着这里的空间。曾经作为战场的图书馆，遗留下的残骸被汹涌浩荡的综合型图书馆的 114
洪流吞淹得无影无踪。斯威夫特幽默地预感到了1885年马修·阿诺德在他的诗"多佛尔海滩"（"Dover Beach"）中所表达的那种焦虑，在这首诗中，我们搁浅在"一片黑暗的平地之上，挣扎或者逃离的困惑横扫着一切；在那里，无知的军队被黑夜摧毁"。那束"海的信仰"之光也最终从这片平地之上消失了——就像阿诺德早前在诗中所写的那样，伴随着"悠长而忧伤的远去的长鸣"。不管怎么样，帕纳瑟斯山总是能够以一个岛屿的形象重生，无论是阿瓦隆*，还是亚特兰蒂斯**，永远可以在迷雾中再现。

理查德·本特利那边儿又遭遇到了与图书馆有关的问题。古代和现代的争议过去了很久，他把自己年轻的堂弟托马斯·本特利安置到剑桥三一学院当图书馆的主管。在理查德的鼓励之下，这位年轻的图书馆员走上了一条职业化的道路，攻读博士学位，还前往欧洲大陆为图书馆购置新书。学院的官员们并不赞成他的做法。这个图书馆是由爱德华·斯坦霍普爵士捐资建立的，他自己关于图书馆的想法明显比本特利实在得多。1728年，一项动议被提出来了，要撤销小本特利的职务，理由是他为了在罗马和其他地方研究和购置图书，长期离职，再加上其他一些事情，因此被认为不

* 传说中的岛屿，是西方的乐土。——译者注

** 传说中沉没于大西洋的岛屿。——译者注

再适合担任这个职务。

以他独特的火爆性格，理查德·本特利冲出来捍卫他侄子*的利益。在一封信中，他承认：“这位主管（没有）遵守爱德华·斯坦霍普遗嘱中所列出的条件。”这些条件对一个图书馆员的角色提出了严格的规定。本特利罗列了爱德华爵士的规定，为我们展现出18世纪图书馆员的卑微处境：图书馆员不可以从事教学，也不能在学院有一间办公室；一年中不能离开自己在图书馆的职位超过四十天；他不能拥有艺术硕士之上的学位；
115 他要关照图书馆中的每位读者，不能让他们中的任何一个人离开他的视线（“一种奴役，”本特利写到，“今天的艺术硕士不应该忍受这些”）；最后，他不可以有自己的私人住处，必须跟一位学者或者学生同住。本特利总结道：“阁下可以看出，这些规定表明，爱德华爵士对图书馆员的工作充满了歧视。”

本特利鼓励他年轻的堂弟在履行职责的时候，要像一个学者和专业人士，而不是一个职员，他关于图书馆的见解再次大大地超越了那个时代。他坚定地认为：发现、保存和经管图书馆中的学术书籍，对于现代学术来说至关重要，而图书馆的管理应该托付给那些知识水平很高的人。当时人们的普遍看法却不是这样。爱德华·斯坦霍普爵士的慷慨使三一学院拥有了一座不错的图书馆，但是，他显然认为他的书只需要一个保管员。他的规定在那里，委员会谴责了本特利，并责令他年轻的堂弟托马斯离职。在随后到来的时光里，本特利关于图书馆的见解陆陆续续地得到了肯定和实现。

* 原文如此。应为堂弟。——译者注

五、人人有书读

1891年，对于伊诺克·索姆斯来说，原本应该是收获之年，然而，实际上却糟透了。他的新作未能出版，他的第一部作品绝版了。索姆斯透过空气中弥漫着的黄绿色的阴霾凝视着伦敦城，深感这座城市到处都是背后放冷箭的人、听而不闻的人和笨蛋。有感于朋友们对自己以及自己作品的不屑，他确凿无疑地得出了一个结论：现在的这个世界对他来说已经毫无吸引力，未来才是他的希望所在。到那时候，他确信，他的名字将与19世纪的先锋诗人们并驾齐驱，其光芒将毫不费力地超越当代这些装腔作势的诗人们所发散的微光。出于对未来的狂热向往，他与魔鬼达成了一个协议：如果可以有机会，到一百年之后的大英图书馆圆形阅览室中看一下，从而在那里找到他的书，看到他的名字上镶嵌着桂冠，他愿意永远承受地狱的煎熬。为了这份协议的执行，他邀请魔鬼与他在伦敦的一个咖啡馆共
进午餐，为此还邀请了一个见证者——他最后的朋友，新闻记者和散文家 117
麦克斯。

这位记者站在他的朋友一边。但是，正当他打算就这笔交易跟魔鬼（这位魔鬼与其说是一个头上长角的小恶魔，不如说更像是一个油头粉面、无精打采的浪荡子）再讨论一下的时候，他的朋友索姆斯却似轻烟一样消

失不见了。记者只好坐在那里等待朋友回来，担心他这趟未来之旅会有什么样的结果。当索姆斯终于再次出现的时候，却是一副沮丧落魄的样子，不用开口，记者就知道了实情：索姆斯在1991年版大英图书馆编目的作者名录中并没有找到自己的名字，更糟糕的是，索姆斯向图书馆的工作人员要了一本书，一本关于19世纪英国文学的好书。他在这本书的索引中看到了自己的名字——一阵狂喜后，却发现他的名字原来是一部短篇小说中的小角色，而这部短篇小说正是他的这位记者朋友所写的！悲剧啊！记者试图安慰他的朋友，但是没过多久，或者说眨眼间，魔鬼不慌不忙地走向咖啡桌，攫取了索姆斯的灵魂。

这就是麦克斯·比尔博姆在他的短篇小说集《七个人》（*Seven Men*）中讲述的一个故事，可怜的伊诺克·索姆斯的故事。这个故事是比尔博姆在20世纪早期写的，他所想象的英国文化的未来与他那时所了解的不尽相同。人们看起来都一样——毕竟，这是未来，他们没有头发，穿着讲究的灰色毛料制服，写着古怪的、音节简化的英文。但是，图书馆还是19世纪的那间圆形阅览室，几册印制的图书馆编目按照顺序立在房间中央的一张大桌子上。在比尔博姆笔下的未来图书馆内，读者们一样会因为那些讨厌的图书而拍击它们所在的书架，发出啪啪的回响；一样要没完没了地翻阅
118 编目来查找文献；一样要填写小纸条，然后在充溢着燥热气氛的桌子边等待他们想看的书送来。尽管小说充满了机智和创新，但是，如果谈到图书馆对于变化的需求或者变化产生的可能性这方面，比尔博姆的故事显得保守了一些。

令人震惊的是，比尔博姆几乎是对的：1991年，读者们仍然需要在印制的编目中寻觅众多的书籍，仍然要用标准字体填写索书单。外观上，这家图书馆在20世纪初到1991年，即比尔博姆小说中的诗人造访此地的这段期间内，只发生了一些微小的变化。所有的变化——所有的未来，似乎

都发生在1991年之后的十几年间。很显然，大英图书馆的变化很大，它从大英博物馆中搬出，搬入位于尤斯顿路上的一座新建的宏伟建筑之中；它的网上编目，跟全球大大小小图书馆的网上编目一样，在根本上改变了读者们获取和使用图书的方式。但是无论发生了什么变化，也不管它变得如何更加民主化，这个图书馆仍然保持了它精神上的地位。与索姆斯一样，对我们来说，能够在这座图书馆中找到自己的名字，象征着文化生命中的一座里程碑。

从内部来看，1891年的图书馆，经过19世纪的时光变迁发生了很大的变化，正是这种变化令索姆斯产生了不切实际的幻想。图书馆被塞满了，在19世纪末，图书馆里有那么多的书，以至于每个人都觉得有可能在那些书堆中找到他或者她自己的书。在之前的那个世纪，乔纳森·斯威夫特仍然相信：图书馆只是少数有分量的大人物展示自己的舞台。那时候的图书馆，类似于修道院，在那里，几部经典文献在时光中穿梭，伴随着摇曳的香炉，唱诵着那个时代的单一旋律。但是，到19世纪，书籍在数量和种类方面的大量增加，使图书馆从庙宇殿堂变成了市场，从只有少数的原稿，
到拥有源源不绝的资源，就好像“宙斯的羊角”*一样。这一切，令索姆斯 119
的追求显得更加带有悲剧色彩——因为，无法在图书馆中发现他的痕迹，正符合图书馆应具备的它所服务的社会“模式”。在图书馆中未留下印痕，与其说是传统意义上的文学上的失意，不如说是在这个越来越复杂的城市化世界中个体的迷失。

像伊诺克·索姆斯一样，19世纪的图书馆员们也在憧憬着未来，在未来的世界里寻找自己的位置。早前，图书馆员工作的意义在于他们与书籍之间的关系——相对来说，书籍数量有限时，图书依规矩排放，阅读它们的主要是那些跟它们的关系已经很密切的读者们。图书馆员的角色主要是保管者：

* 希腊神话中，象征丰收和富饶。

他要清点图书，取出它们，然后再把它们放回书架上。但是，随着印刷制品的大量出现，读者群的不断扩大，图书馆员与读者之间的关系开始取代他与所负责的书籍之间的关系。图书馆员的主要形象从保管者转化成了看护者。在19世纪，专业的文学作品和通俗读物中的图书馆员形象，是那种要极力塑造客户的品位，引导他们穿越各种陷阱，比如那种廉价俗丽和“重口味”的读物，去接近那些更可取的、更高品质的文学作品。

这些图书馆员的形象令人联想到精神上的普罗米修斯，那位将火种传给人类的巨人。关于普罗米修斯，有两点值得人们铭记：首先是他那怜悯的情怀，而他的赠予却使人类的内心生发出另外一种情感——傲慢。这种悲剧性的普罗米修斯式的感性冲动：怜悯和傲慢，也是19世纪图书馆员的情感天平的两极：怜悯那些低水准的读者们，又因为图书馆为文化和社会的变革所提供的可能性而傲慢。这个神话值得人们铭记的第二点就是普罗
120 米修斯所受到的惩罚：因为侵犯了天神的权益，宙斯将这位巨人绑在海浪拍击的岩石上，让秃鹫日复一日、年复一年地叼啄他那不朽的心肝。

如同巨人们看到宙斯及其率领的众神们现身时的感觉一样，图书馆员们发现自己处身于一个裂变的宇宙之中，一个充满了新生力量的空间。随着书籍数量的增长，那种将他们与文化紧密相连的知识承载物——“文献”，已近临界爆发的极限。19世纪横扫西欧和美洲的公共图书馆运动的一个座右铭就是：“人人有书读。”然而，在成为图书馆学科的一个研究项目之前，寻找自己的故事是个长期存在的两难问题。比尔博姆了解这一点，他也知道，1991年的夏天，当一个蓬头垢面的世纪末诗人出现在其中的时候，那些穿着统一服饰的读者们在图书馆中做着什么：他们跟可怜的伊诺克一样，在寻找着自我。

1753年，大英博物馆开馆的时候，很少有英国人想到要去那里寻找自

法国国家图书馆，由亨利·拉伯罗斯特（Henri Labrouste）设计，建于1862年。其格子状的穹顶和高耸的圆柱表现了19世纪铁建筑的雄壮之美。这个画面出现在迪安妮·阿塞奥·格瑞力克斯(Diane Asséo Griliches)关于图书馆的摄影集《内里乾坤》（*The Drama Within*）中。

己可能感兴趣的书。如果他们去了，大多会感到失望，尽管拥有英国国家级的收藏，但是，与欧洲其他国家的同类图书馆相比，大英博物馆所拥有的收藏规模要小得多。在开馆初期，它拥有大约五万一千册图书；到18世纪末，这个数字有所下降，只有大约四万八千册。这是因为这家博物馆里面的图书馆有很多资料是重复的，图书馆员们很现实地把它们卖掉或者送掉。那时跟现在一样，书籍收藏是一种时尚，而追求时尚的人们倾向于购买同样时尚的书籍。这家新建的图书馆，依赖于这种高雅的收藏时尚——接受赠予或者用图书馆那一点儿可怜的资金购买，从而构筑起一个书籍的储备池。这家博物
121 馆购置的第一批藏书来自皇家学会主席汉斯·斯隆爵士的收藏，花费了两万英镑（相当于今天的两百万），花费不菲，图书馆因而一贫如洗。为了从中恢复过来，图书馆举办了一场彩票活动，然而，关于这场活动的贪污指控却使其不了了之。最终，图书馆不得不依赖国会的牙慧生存。

大英图书馆得以发展壮大还得益于它作为版权登记处这样一个角色，这意味着在英国出版的每一本书都将在它的书架上找到一个位置。长期以来，一直是皇家图书馆扮演着这样一个角色，出版商们只是隔三差五地才把书籍送交到那里，就像理查德·本特利所抱怨的那样。一百年以后，英国国内逐渐滋生了一种英国与其他欧洲国家不同的意识，同时，帝国的权力欲望也在膨胀——定义国家文学的需求就显得尤为迫切。法国也有她的版权登记图书馆——规模宏伟的国家图书馆。18世纪末，得益于1793年大革命时期对贵族和神职人员财产的收缴，它的藏书达到了三十万册。随着19世纪的流逝，大英图书馆的规模逐渐赶上，但是，永远不可能超越它的法国对手——它那高耸的，镶着铁质花边的穹顶展示着欧洲大陆的优雅，与圆形阅览室的精致素朴形成了鲜明的对照。

在19世纪的最初几十年，英国国家图书馆开始发展起来——事实是迅速膨胀：到1833年，它拥有将近二十五万册图书，比之前增加了五倍。

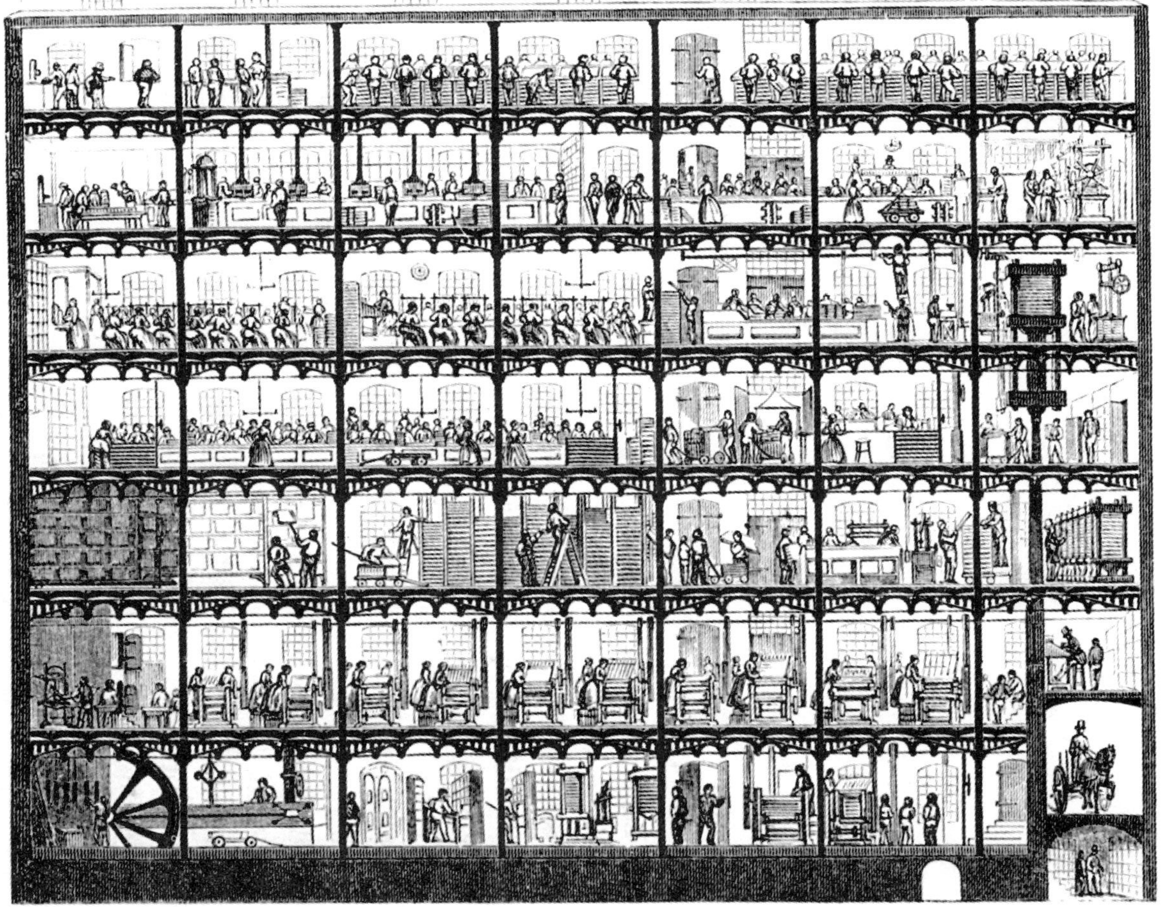

哈珀兄弟印刷厂的图示，选自雅各布·阿博特《哈珀建设》（1885）。

1811年，伦敦的《泰晤士报》开始使用蒸汽驱动、滚动式的印刷机来印刷，到了1820年，蒸汽动力的使用已经十分普遍，科技的快速发展，让书籍和
122 其他印刷材料的生产步伐急速加快。印刷技术，在15世纪和18世纪之间几乎没有产生任何变化，现在开始却不再是一种手工艺，书籍成为可以大批量生产的产品是工业革命的里程碑。

关于19世纪书籍大批量生产的最精彩的描述，出现在“哈珀兄弟故事系列”（Harper Brothers Story Book Series）中，这套书面向年轻的读者们，传达了各种有用的信息。雅各布·阿博特的《哈珀建设》或《故事书是如何制成的》（*The Harper Establishment; or, How the Story Books Are Made, 1855*），检视了自身生产所使用的机械装置。阿博特带领读者们游览了哈珀兄弟位于纽约市克利夫街、富兰克林广场上的大工厂，那时候，这是一
123 家“成百上千”地生产图书的工厂。

阿博特书的正中是一幅雕版画，描画了那个世纪中期高效、协调和完全机械化的理想的印刷过程。尽管阿博特专注于机械的魔力——蒸汽管道、能量传输所用的轴承和带子，以及印刷机那令人炫目的舞动——然而，那座位于克利夫街之上的建筑所展现的宏伟规划，显示出它超越了“人”力的集合——因为性别和工作内容而被隔离的“人”，遭到现代化的象征——悬挂在墙上的那座大钟规范着的“人”——它使书籍从一种艺术品变成了可组合的部件。

阿博特的书，以构筑楼层所用的相互交错的铁梁的图案作为装饰的框架：锻造铁已经，至少在理论上，使工人们从对火灾的恐惧中解脱了出来，使他们可以使用煤气灯照明，还可以安全地操作高温设备，将生产从自然光照明的局限中解放了出来。在此之前，只能在白天工作的现实使印刷生产只能停留在小规模的范围之内。

瓦尔特·本雅明在他的《拱廊项目》中写道：19世纪时，像伦敦水晶宫

（Crystal Palace）那样奢华的场所的框架开始使用铸铁。法国巴黎国家图书馆的铁架构也很值得炫耀，它承载着阅览室那高耸入云的宏伟穹顶。后来，同样的铁架构工程改变了大英图书馆的书架承重，使它们可以承载更多的书籍，并更好地布置和排放它们，更不容易引发火灾，所有这些在数十年之前都是不可想象的。“铁”对于19世纪建筑业的重要性使阿博特不惜暂时离题，用整整一个章节来解释铁梁的制造以及它们在建筑结构中的作用。

在关于哈珀兄弟工厂的图片上，以铁梁状的线条横竖相交而成的网 124
格图案展示了印刷过程的各个阶段，当然，这与国家图书馆那高耸的铁制穹顶相比，显得有些单调。这个房间，图片左下角有只轮子的房间里，是“为所有设备的操作提供能量的机械设备”，这些能量被“以轴承、滑轮和传送带构成的传输系统送到不同的楼层”。第一层的其他部分展示了液压机如何将纸张压得平整光滑，然后，工人们将纸张弄湿上墨的情景。

在右下角，是一道门，通向储藏室，那是储存印刷模板的地方。这些模板是电铸版，是电切割的模子表面，有一层铜制表层，是人工排放的
铅字层。在拱形的入口处，一位司机刚刚到达，或许送来了刚刚制成的纸 125
张。两个男人用灯笼照亮了一间圆顶的房间，这个房间像一个图书馆，在那里，模板和刚刚成型的图书就像一个个装在罐子里的胚胎，摆放在一位疯狂的科学家的实验室中。

阿博特告诉我们，“电铸模板的增量的速度”是“很惊人的”——其中，“仅杂志的速度很快就将达到一万份”，“出版方出版的好几百册图书中每一页都有一份电铸模板，总的来说有五十到七十吨之多。”另外，他写到，这里每天大约要增加两百份电铸模板。但是阿博特并没有对此状况进行任何形而上的思考，他满足于纪实报告：“当这些书中的一部需要印制新版本的时候，相应的模板就从这个房间被拿出来装到印刷机上。工作完成后，再把它们送回到这里。”

这座建筑的上一层是“大印刷间”。阿博特估计每部印刷机有两吨重。因为印刷机太重了，所以不能随意放置，得根据支柱和地板的交叉承重量来排放。印刷机的上面是一系列的传送带，以轴承相连，它们将能量从位于建筑底部的蒸汽发动机传送给每部印刷机。阿博特接下来描写了这个印刷间里的繁忙景象：

> 我们注意到每部印刷机都由一位女孩照管……（她的）职责是把纸张送到印刷机上，按时放到指定的地方。印好后，纸张被一种叫做翻纸人的机械工具掀起运走，这种工具是木制的，很轻，好像一只手，有着很多纤细的手指，可以把印好的纸张拿起，再把它放到由之前印好的纸张所堆码的纸堆上面。在这
> 126 个房间的右手边，我们可以清晰地看到翻纸人在放好一张纸后再回头掀纸的动作，而在这一行列的其他印刷机上，我们可以看到它们运行到了不同的位置，职责就是把印好的纸张拿走。

尽管外观看起来是庞然大物，这些机器们却可以用它们灵巧的机械手指翻弄纸页。“来访者们，”阿博特报道，“总是对印刷机的铁手指那栩栩如生的动作而着迷。”“那些看似笨重的机器以一种镇静而稳定的方式从事着无休止的劳作”，他认为“这里面有一种令人惊叹和崇敬的意味”。

在这座建筑的其他各处，图书被堆叠、装订、切割和压制成型（特别是压制工序——阿博特告诉他的读者们，有整整二十五台机器被专门用来碾压图书，以便使它们最终紧致成型）。最高层是排字间，在那里，排字工人们将铅字放到排字盘上。这道工序，也是印刷工艺的核心，被安排在这座建筑的顶端进行。最后，阿博特描述了排字工人的工作，他目睹了精湛的手工艺与高效的制造工艺之间的完美结合。

> 他把铅字放到排字盘上的时候，从不去看铅字的表面是哪一个字母，而是理所当然地把它拿起来。如果来自正确的部分，那么字母就是对的。他仅有时间瞄一眼以便确保铅字被正确地放在了铅字盘上……一个人，在一个小时的时间之内，为了完成一千个全身（排字工艺的计量单位，指一个铅 127
> 字的空间）的工作量，不得不将三千块金属拿起和放在正确的位置上。想到他必须从那么多不同的部分，总的来说不少于一百四十个，一个一个地挑选出正确的金属块，……其动作幅度的频繁就可想而知了。

由没有知觉的机器来印刷，然后大包小堆地从工厂运出，书籍不再是艺术品，其来源开始令人感到复杂困惑，沉没于电动机械的程序组合之中，好像弗兰肯斯坦的恐怖作坊一样。现在，图书成了简单的商品——但是，跟绝大多数的现代商品一样，它的生产过程对于使用者们来说是迷惑难解的，他们自己并不知道怎么制造它们。不过，正如阿博特所揭示的那样，尽管有电铸板和各种蒸汽驱动的印刷机械，最终，却是手艺人的手指将书籍推进到机械时代。

随着大批量图书印刷事业的繁荣与欧洲和美洲的国家图书馆一样，大英博物馆的书籍在成百上千地增加。在大英博物馆的图书馆中，最不可能出面应对这种繁荣局面的人，却在这样一个历史进程中，成为第一位普罗米修斯式的图书馆员——其职业生涯开始的时候，却是一位遭到流放的意大利革命者。一位引人注目的年轻律师，安东尼奥·帕尼兹与他所属的秘密社团——一个融合了自由政治和类似于共济会那样的神秘主义主张的组织（这种对进步思想和知识奥秘的向往，或许揭示了帕尼兹日后为什么会献身于图书馆员的职业生涯），起来反抗家乡摩德纳*的贵族政府。当公开的审判认定他的同志们犯了叛国罪的时候，他翻越阿尔卑斯山逃走了，随后发表了一篇关于这场审判的报道，为他赢来了死亡判决书，当然，是在他本人缺席审判的情况下，这注定了他的余生都要在流亡中度过。帕尼兹最后到了伦敦，身无分文，也不会说这里的语言，因为暗无天日的流放生活而身心俱疲，他找到了教意大利语和历史的工作。教书提高了他的英语水平，而作为一位革命者的真诚和良知也为他赢得了有权势的支持者，不
128 久，他就开始开设关于文艺复兴的专题讲座，在《爱丁堡论坛》（*Edinburgh Review*）上发表学术文章，并成为新成立的伦敦大学的教师。虽然大学教师的工作让帕尼兹在这个收留了他的国家站稳了脚跟，但是却不能令他生活无忧：一位教授的薪水是以学生的学费来支付的，在崇尚实际的伦敦大学，很少学生有时间学习文艺复兴时期的文学。1831年，帕尼兹很高兴地接受了一位上流社会朋友的推荐，成为大英博物馆的助理图书馆员，他“每星期工作五天”，薪水达到了每年两百英镑。

帕尼兹很快地投入到了编目的工作之中，正是这份工作确定了他在大英图书馆历史上的重要性。图书馆的第一份印刷编目出现在1810年，有七卷之多，与当时所有的编目一样，它只是以字母顺序罗列了图书馆所有书籍的名称，为了给图书馆员们提供一份书目清单。每年，大多数图书馆都要关闭几个星期，以便图书馆员们按照清单检查书籍，确保每一本书还待在书架上，编目就只有这个作用。读者们来到图书馆之前一般都有所准备，他们知道要看什么书，也知道要在那些书里面找到什么。

从第一份编目出版到帕尼兹来大英博物馆工作的这段时间里，图书馆的收藏呈几何级数增长着。那份原始的七卷本编目，已经被图书馆员们涂写得满满的，还加了附录，这些增添的内容使它增加到四十八卷。显然，

---

* 意大利北部城市。——译者注

图书馆需要一份新的编目。帕尼兹曾经给英国内战时期出现的繁复混杂的小册子做编目，并因此出了名，从而成为这个工作的不二人选。

整理那些令人困惑难解的小册子，让帕尼兹知道：在印刷作品中，作 129
者和出版者之间交织成一张错综复杂的网络。一些小册子应和着另外一些小册子，那可能是一些杂志和报纸上已经出现的文章的重印，或者是从其他书上节选而来的；它们可能同时以几种形式出现，有着几种不同的版本说明。一些关键信息，如作者名字、出版商以及出版日期和出版地等可能不完整，或者是错误的，也可能都没有。帕尼兹制定了一系列的规则，以便在编目中重新建立起它们之间的连带关系，使图书馆员们，关键是读者们，可以追踪寻找它们。不知不觉地，他在努力将图书馆编目从一份存货清单转变成发现探索的工具。人们不禁想说，他的这一文本互证的发明，即便是应用在最普通平常的图书之间，也预示着数码时代的相互关联的世界的来临。更准确一点儿说，我们应该注意到，就网络世界的种种便利来看，帕尼兹的编目看起来就像是互联网的起点。

帕尼兹被指定负责编写一部新的图书编目，他从一开始就借鉴了自己以往的这些经验。部分的修订是不够的，他建议全部重来，以便在新编目中，相关图书之间是协调连贯、前后一致的。他还前往国外学习其他图书馆是如何做编目的。尽管悬赏捉拿他的通缉令并没有取消，但是，现在距离他开始流放的时候已经过去了很久，那时候，如果他自己肯执行死刑的话，摩德纳政府甚至会预先邮寄给他所需的一切费用。这一次的欧洲大陆之旅，让他对即将开始的工作坚定了一个信念："编目第一和首要的目标"，他在一份1836年写给博物馆董事们的报告中说，"是可以很便利地接触到收藏的作品"。它不应该是图书馆员们的工具，应该是"公众对这样一个机构有权利期盼的"
一种方便途径。尽管帕尼兹好像一片叶子远离了他的家乡意大利——那片充 130
满激情的沃土，他的工作热情中却始终不乏革命和民主的冲动，他在报告中清楚地表示："我要让穷困的学生拥有同样的资源，以便使他们沉浸在对学问的好奇之中。"他对董事们说："拥有同样的资源，在追求理性的过程中得到权威性的意见，跟这个王国中最富有的人一样有机会对最复杂的研究进行彻底的了解……我认为，政府一定要在这方面提供最为慷慨而无条件的协助。"对于帕尼兹来说，一份素朴的图书馆编目已经不仅是一份清单，甚至不仅是通往知识宝库的指路标，它可以是改造这个社会的途径。

1837年，帕尼兹被任命为印刷书籍管理人，七年之后，编目第一卷出版了，只完成了字母A的那一部分。不是每个人都对此表示满意，"这位图书馆员有着充满异国情调的任性……我们不应该任由他耽搁……实用编目的进程。"尼科尔斯·哈里斯·尼古拉斯爵士写到，他是一位很有学识的绅士，对海军历史深有研究。1846年，他在《观察者》（*Spectator*）杂志上发表了一系列的文章批评新的编目。他进而指责帕尼兹的编目"计划复杂难解，有九十一条规则，而其中绝大部分都必须依靠记忆，只有记住了它们，才能使我们知道应该在哪个字头下面找到一本书，哪怕是在我们的语言中最平常不过的那么一本书"。

尼古拉斯对帕尼兹在图书馆业务方面的影响感到嫉妒，他残忍地挖苦这位图书馆员"有着异国情调的任性"，暴露了他对这位意大利出生的图书馆员的不信任。（在其他地方，他质疑帕尼兹"是否想侮辱这个国家的公众所信奉的常识，而正是这种常识使他被这个国家所接纳"。）但是，尼古拉斯更担心的是这个编目在出版进程上的耽搁，它不必要的庞杂量，或者它非同寻常的繁复：他担忧这一切会令读者们以后做更多的工作。

131 在这个项目开始的时候，帕尼兹曾经选择给每本书设定一个"编号"，加在它的条目中。就像现代图书馆中每本书的索书单编号，这个不变的编号指明了书籍所在书架上的位置（书架通常还被称为"书橱"）。与索书单不同的是，编号所指的是书的空间位置而不是所属的知识体系；不是要分类，而是要协调。在给尼古拉斯的回复中，帕尼兹解释了编号的组成和它们的意义，例如“500a”的意思是“位于第500号书架，标志着a的那一层架上；如果是500a2，意思是那本书占据了那一层的第二个位置；如果是500a/6 2，意思是位于第500号书架a层架上第二本书的第六篇文章”。通过提供一些辅导，帕尼兹希望图书馆对读者来说简明而易用——以精确取代神秘，以便提高读者的独立性。开始的时候，读者只要提供书名，图书馆员们会在他们专用的编目中找到书的编号，然后，在读者们看来，那本书就像变魔术似地从宙斯的额头下跳了出来。现在，读者们被要求知道书的编号，并将它填在单子上，然后出示给坐在办公桌后的图书馆员。尼
古拉斯发现，读者们即便想看最平常不过的一本书，比如说休姆的《英格 132
兰史纲》（*History of England*），也要特意跑去查询编目。“我们要知道这份义务对于文化人来说有些不便，”他写道，“时间对于他们来说是宝贵的……在公共图书馆，读者们应该只要知道自己想看的书籍名称就够了，其他属于图书馆员们的工作。”尼古拉斯意识到帕尼兹不仅仅想要创建一种新的图书编目系统，而且要培养一种新型读者——更独立，更了解图书馆系统，而他不想在这场变革中扮演任何角色。

尼古拉斯不喜欢为了找到一本书而要翻阅四十八卷本编目的想法。他想象不到帕尼兹的改革如何在根本上改变了编目的理念——更别提它对未来的巨大影响。如果魔鬼将他与伊诺克·索姆斯一起送去造访1991年的大英图书馆的圆形阅览室，他会发现这份印刷编目还在使用，如果加上增添补充的内容和附录，已经增至令人震惊的两千三百卷，环绕着整个中心工作台。

并不是只有尼古拉斯在图书馆的这场变革中挣扎和感到困惑。关于读者们等书的时间延长以及职员态度恶劣的投诉接踵而来：一位名叫查尔斯·威尔科克斯斯的读者因为在阅览室里移动了一本书的位置而被判坐了十二个月的牢。《时代》的读者来信抱怨漫长的等待、有限的开放时间以及

新编目的出版耽搁太久。但是，冲突是不可避免的：根据哈里斯的《大英博物馆图书馆的历史》（*History of the British Museum Library*），从1830年到1840年，注册读者的数量从三千人增加到一万六千人；仅一年时间里，这些读者们就借阅了大约二十万本不同的书籍。在1840年代，每一天读者的数目基本保持稳定，平均二百三十人——接近阅览室所能容纳的人数极限。就在帕尼兹具有里程碑意义的编目项目接近尾声的时候，大英博物馆中的图书馆的条件已经是处境艰难。

尼古拉斯以及其他人的谴责之声中很少提及帕尼兹所取得的进步，更遑论他的激情。1846年，在《图书馆为大英博物馆阅览室所提供的印刷书籍》（*On the Supply of Printed Books from the Library to the Reading Room of*
133 *the British Museum*）一书中，帕尼兹答复了哈里斯的批评：他阐明了图书馆在吸收更多的图书和读者时所面对的挑战。他跟尼古拉斯开了个心照不宣的玩笑，转载了他在帕尼兹任职早期所写的一封信，信中赞扬了这位图书馆员初期的改革。帕尼兹的对手们进行了反击，1847年，一个皇家委员会开始针对客户们关于博物馆和图书馆的投诉进行调查。在这个过程中，值得一提的是意志坚定的托马斯·卡莱尔的证词，他加入了尼古拉斯一伙人的阵营指责新编目所做出的努力。“我们并不需要一份详尽的编目，”他对委员会吼道，“而是要人人都读得懂。”但是，谈到使用图书馆所收藏的英格兰内战时期的小册子的体验时，他声称，图书馆的编目让他“受益匪浅”。这标志了帕尼兹的胜利，他在为那些小册子编目时所使用的方法奠定了这一方面新方法体系的基础。

最后，皇家委员会表示支持帕尼兹的政策，让他继续完成余下的工作。帕尼兹的编目不再只是针对某一个出版物，而成为一种永不间断的努力方向，就像我们今天图书馆中的编目一样。

帕尼兹掌管图书馆直到1866年，他主持了标志性建筑——圆形阅览室的兴建（其设计所依据的就是他的铅笔素描方案）。1856年，他成为首席图书馆员。1869年，他被授予爵位。他的编目规则在大英博物馆一直沿用至20世纪50年代。

安东尼·帕尼兹爵士，一位充满理想精神的普罗米修斯式的意大利革命者，为了这个接纳了他的国家，在常识方面的丰富和发展做出了贡献。不仅为受过良好教育的贵族，也为穷苦的学生和这个国家的民众，创建了这个世界上最伟大的图书馆之一。

就在帕尼兹致力于为国家创建一座图书馆这样一个普罗米修斯式的项 134
目时，这个国家好几百万的民众正深陷于困苦之中。公共图书馆运动横扫不列颠的时期，也正是这里阶级冲突不断、经济恐慌加剧的那些年。进步的精英人士意识到，文化与智识之光并没有照耀到普通百姓的生活之中。拿破仑战争摧毁了英国的经济，繁复的苛捐杂税和法制法规令工人阶级不堪重负。1838年，两年萧条期的第二年，伦敦的激进人士威廉·洛维特向国会递交了一项提案，这就是著名的人民宪章提案。其六项内容中包括普遍选举权，以及取消根据财产多少决定是否能进入政府的规定，这两项内容的目的，在于促使国会关注英国日益增长的人口及其更广大的民众。国会拒绝了洛维特的提案，但是宪章运动由此诞生，它在1848年的大革命中表达了贫困的英国工人阶层的期望。

就像两百年前教会中的异议人士们一样，支持宪章运动的人们认识到，教育对于那些被排斥于权力地位之外的人们实现自己的理想和抱负至关重要。在19世纪中期的不列颠，宪章者阅览室——为激进组织成员提供图书借阅服务的合作型租借图书馆，像雨后春笋般兴起，而且大受欢迎。不久，富于商业意味的订阅型图书馆也加入了竞争的行列，后者以一种极低的价格向其会员们提供书目不断更新的图书订阅服务。这些对于既定秩序的威胁并非没有人意识到：1825年，《黑木杂志》（*Blackwood's Magazine*）就声称："不论什么时候，不管在什么国家，如果让下等人掌握了一点知识的皮毛，他们通常就会利用这些皮毛来制造国家的动荡。"贸易联合主义者弗兰西斯·普莱斯对此反驳说：阅读可以让极度贫困的人们有机会进入文化的核心，变得体面而富足，并使他们远离暴乱的诱惑。"如
135 果一个人的思想受到了值得称赞的、正确的引导，他对信息的需求就会增强；他会在行为和语言方面变得体面、理智和谨慎……这样的人通常进步很快，而那些无知的人将沉沦下去。"

尽管功利主义哲学家像杰里米·边沁及其门徒约翰·斯图尔特·米尔等人受到了激进主义的抨击，但是，他们却支持普莱斯的观点，认为更畅通的信息渠道对整个社会有益。米尔说：普通民众都是一些"算术糟糕的人"，他们"缺乏识时务的良好意识"，而良好的教育可以让他们学会分析和计算，从而成为冷静和理性的消费者和受到良好培训并充满抱负的工人。在知识分子阶层，已经有人开始认为，经济现象的产生受到普遍规律的制约，而理性可以揭示这些规律，因此，更顺畅的信息渠道，可以令所有人受到理性原则的训练，从而使他们的行为顾全大局和充满理性。正像图书馆历史学家阿利斯泰尔·布莱克所说的那样："通过汲取理性的力量，教育的培养，大众们将把资本主义原理当做真理来接受。教育……教会男人们和女人们在最廉价的市场上购买，在最贵的时候销售……实际上，亦即如何在资本主义的贪婪本性下'协调一致'。"培养这样的"善于计算的人"是功利主义教育的目标，而贸易主义者的阅览室和订阅图书馆以一种经济简省的方式，为这个目标的实现提供了可能性。因为，在一家经营良好的图书馆里，功利主义者们意识到：每一本书使用的人越多，它对社会的价值就越大；不同于私人手中的图书，它们的功用在阅读之后放到书架上的时候就终止了，而图书馆里的一本书却可以持续不断地供人使用。

并非所有的功利主义者都是冷酷的、经济至上的人。约翰·斯图尔特·米尔就是一个例外，因为受到浪漫主义运动的影响，他感到图书馆提供了比理性更好的东西——它们也提供了幸福。图书不仅提供了培训的机会和资本主义文化的浸润，它们还提供了一种逃避的间隙，不论时间长 136
短，它们提供了休息和反思的契机，而最终它们会激励人们学会关怀和尊重，而这些正是利他主义的基础。

所有这些都来自图书馆！这正是1850年公共图书馆提案的支持者们在劝说国会通过这项提案的时候所期望的。阿利斯泰尔·布莱克将公共图书馆运动支持者们的行为归功于功利主义思想的影响，而且认为他们的动机可能是更加功利的——他们希望，图书馆可以帮助那些传统上无法接受任何文化教育的下等人，疏导他们内心的破坏性冲动。不管怎样，得到税收支持的公共图书馆很快就取代了订阅图书馆和宪章阅览室。1852年，曼彻斯特公共图书馆开馆了，它占据了前宪章运动礼堂，在开馆典礼上讲话的人们将内容集中在阶层之间的冲突与和解方面。这家图书馆的筹建者约瑟夫·布拉泽顿希望所有阶层“都明白他们彼此之间的相互依存是如何的重要——劳方与资方之间是如何被一条纽带紧密连接着，而各阶层之间的利益，富人和穷人的利益是如何地相互交织着，就像常春藤和橡树一样”。查尔斯·狄更斯也发表了讲话，他相信图书馆会教导资方和劳方不要相互对立，而是互相依存和扶持。

欧洲革命的阵痛也传到了美国，在美国或许表现得没那么强烈。梅 137
尔维尔·路易斯·科苏斯·杜威的父母就以匈牙利改革者拉乔斯·科苏斯（Lajos Kossuth）的名字给自己的儿子取名。拉乔斯·科苏斯在1848年匈牙利革命之后开始流亡，之后成为一位广受欢迎的演讲家。那一年，横扫欧洲的社会剧变终结了君主制，在一段时间里，让美国人对世袭统治者产生了反感与排斥。在纽约州的西北部，即1851年杜威出生的地方，革命尤其受到了重视。这里至今仍然被称作焦土区，就是因为一次又一次的宗教革命，摩门教首当其冲地在这个地区点燃了第一把火。作为一位简化拼写的支持者，杜威最终放弃了他那些带有异国色彩的中间名，把他的名字简化为梅尔维尔。但是，作为一位图书馆员、教育家和社会改革者，他体现了这片焦土区冲突交汇的脉搏之下洋溢着的激情和道德自信。

年轻的梅尔维尔自己的抱负是由一场真实的火灾激发而来的。1868年，他的学校发生了火灾，杜威从浓烟弥漫的图书馆里把图书抢运了出来，在这个过程中，他吸入了大量的烟尘。在这之后，他开始剧烈地咳嗽，他的医生给他下了结论，认为他会在两年之内死去。根据他的传记作家韦恩·威甘德的说法，早年的这一次面对死亡即将到来的体验，激发了他分秒必争的信念，这种信念贯穿了杜威的一生，也为他进行的所有改革提供了一种模式。从图书馆职员的培训，到图书的排放顺序，效率一直是杜威所关注的。杜威对效率着了迷，他发起了音标、速记和十进制运动，他相信，释放大量时间资源的钥匙就在于理性化的简单。

杜威最大的贡献——也是他最为人所熟知的一个，是在他还是艾摩斯特学院的学生时，作为助理图书馆员，杜威对图书馆内书籍的混乱状况感到失望，他开始设计一套系统以便让书籍排放有序。对于分类本身的关注并非是从杜威开始的，实际上，它是当时图书馆员们所讨论的主要议题。图书馆在快速发展，按照老的系统，每本书都在书架上有一个固定的
138 位置，现在行不通了，每一部新书的出现都需要对整个编目做出调整。在圣·路易斯，威廉·托里·哈里斯产生了一个想法，那就是不再针对书籍本身，而是针对其包含的知识来分类，这种系统提供了一种关联分类法的方案，可以让人们根据书籍之间的联系找寻图书。哈里斯采纳了培根的三重知识理论，将书籍分成历史、诗歌和哲学三类。这种知识的分类法可以承受进一步的分析，以便建立起一套更详细的知识结构来涵盖人类大脑的全

部活动。尽管知识分子们从中世纪开始就知道并使用这一分类方案，但是鲜少用于图书馆中，或者只是以粗略概括的形式存在（梵蒂冈图书馆的书桌是以宗教类和世俗类来划分的，为这一尚比较粗略的方案提供了一个例证）。19世纪的图书馆采用的系统与大英博物馆相同，每个书架都以一个数字“命名”，多少有些武断，目的是明确每一本书都有一个具体的位置。杜威的发明是要结合认识论和数字这两个系统。数字不再仅仅是书柜系统的标志，它们还用来区分不同的知识领域。他将简单的、分析性的数字与知识的直觉分类相结合，这样，就可以顺利地接纳所有已经出版的书籍，以及所有将出版的书籍。

尽管“十进制分类法”给图书馆和我们的经验产生了复杂的影响，但是，杜威在图书馆领域的成就远不止这些。实际上，这一领域的每个方面都留下了他的烙印：他是图书馆员培训系统的倡导者。1889年，在哥伦比亚建立了第一所图书馆学校；他成立了一家公司，图书馆事务所（Library Bureau），向大小图书馆售卖家具和办公用品（以及完整、美观、高效的内部设计）。在协助美国图书馆协会成立的过程中，他从内（就是说，图书馆员应具备的教育水平、道德水准和工作准则）、外（图书馆员在整个 139
社会所扮演的角色）两个方面设定了图书馆员的职业标准。杜威的精力、热情和倔强的个性与他创立的分类法一起，使他成为他的时代和其他时代最著名的图书馆员。在很多方面，这实际上是一种遗憾，因为杜威对效率的迷恋、对权威指令和等级制度的依赖以及他在社会文化和宗教方面所持的偏见，直到今天，还在影响着图书馆事业的发展。

从某种意义上来说，杜威可以被称为美国图书馆运动中的约翰·亚当。他把亚当在政治战场上的好斗意志和力量与效忠权威当局的权利和义务的理念相结合。1876年，杜威出席了第一届美国图书馆联盟会议（ALA），年方二十五岁，是这个组织中最年轻的成员。出席会议的还有波士顿公共图书馆主任贾斯廷·温莎（后来的哈佛学院图书馆馆员）和威廉·弗雷德里克·普尔，《普尔期刊文献索引》（*Poole's Index to Periodical Literature*）的作者，也是首位编写这类文献索引的人。从一开始，杜威就以他崇尚高效的意志来界定这个职业和联盟的工作——经常与学者型图书馆员如温莎和普尔等人的观点处于尖锐对立的局面。他们在阅读对于社会进步的重要性这个层面上达成了一致，但是，应该取得什么样的目标呢？在这个方面，他们的观点却大相径庭。

在会议上，学者型图书馆员们讨论了图书馆应该服务于什么样的读者，以及读者们应该被允许使用什么样的书籍，对于图书馆员们来说，这些是新的重点。在这之前，收藏的范围和性质都是很明确的，那就是古代
140 遗留的文化遗产。但是现在，新种类的图书正在产生，出版商们利用廉价的纸张和大批量的生产方式来为自己的商品创建新的读者群。有着改革意识的图书馆员们希望图书馆成为公众和书籍之间的媒介，指导人们阅读合适的书籍。杜威赞同这个动机，但是他认为要做到这一点，图书馆不应该把注意力放在读者们所选择的图书标题上，而是放在如何整理和安置那些图书从而使它们便于利用。从很大程度上来说，这关系到每一件事的标准化问题：不仅是编目方案，还关系到编目所用的卡片和书柜的规格尺寸，它们在所有的图书馆中都应该是一样的。正如杜威在《美国图书馆期刊》（*American Library Journal*）创刊号上所写："编目、索引以及相关资料，一劳永逸地完成之后，应该供所有图书馆使用，这样，每家机构都可以削减这方面的经费……更大比例的收入可以用在购买图书上。"实际上，杜威想让图书馆遍及各处，他的确希望图书馆可以建在最小的社区，以便服务于那些最边缘的人群。他的头脑中真的有一幅理想图书馆的蓝图，正如他的传记作家威甘德所表述的那样："他确信，要想在最大程度上发挥图书馆的潜力，需要创建图书资料质量统一的收藏，同时以统一的表格、用具以

49

26h. Pencil Dater. A movable pad dater attached to a lead pencil; a slight motion of the hand stamps the date much plainer than it can be written, without removing the hand from the pencil. Of great service at the loan desk, where books must be charged rapidly. Devised at the Milwaukee Public Library, and adopted by many others.

Price, dater and L. B. dates, complete, 75c.

26i2. L. B. Accession and Numbering Stamp. Used in library work for registering the accession number in books, on cards, and elsewhere, and in banks and commercial offices for numbering checks, stock certificates, etc. This machine is very exact in its operation. The figures shift automatically one number higher at each impression, as required for consecutive numbering or paging, or it can be instantly adjusted to print each number twice, or to repeat the same number indefinitely. Made specially for us. We recommend them as the best obtainable.

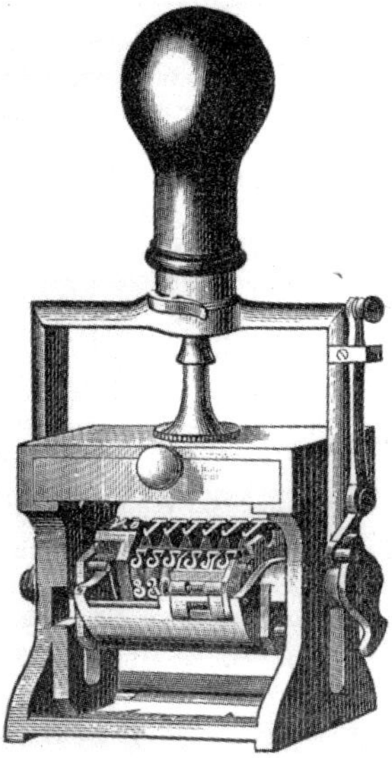

Selection can be made from the following face type :—

d) №1234567890

e) №1234567890

f) №1234567890

g) №1234567890

h) №1234567890

PRICES.

4-wheel Machine, numbering from 1 to	9999, . .	**$25.00**
5-wheel	" " 99999, . .	**30.00**
6-wheel	" " 999999, . .	**35.00**

26i3. D. C. Numbering Stamp. For users of the Decimal Classification a special stamp has been made, providing for two decimals; i. e. for five figures of the classification. Used for printing the class numbers on cards, book plates, and labels. It has not only proved a genuine labor-saver, but adds uniformity and legibility to the catalog.

Price, 26i3 5-wheel, D. C. Stamp **$30.00**

手指间的轻轻移动。1890年，图书馆事务所出版的《目录》上所展示的节省劳力的装置和设备。

及规则和排放系统标准化图书馆的内部程序，从而提高服务效率。”一位来访者在以杜威的方式所组建的图书馆中，可以不费吹灰之力地找到自己想看的书。对于杜威来说，地方利益和特殊需求，都没有让书到达读者手中的效率运动更重要。他对于效率的魔力那种永不终止、令人费解的迷恋不可避免地导致图书馆的花销更多——不仅要采用他的办公设备和分类系统，还包括新发明的卡片编目——这种改革的代价是，那些值得人们驻足，并
141 在其中阅览的富于个性和多样性的地方图书馆消失不见了。

一个最新的发明——卡片编目，并非杜威的发明。或许第一个不错的卡片编目是爱德华·吉本写在纸牌背面的。到19世纪中期，被大量的图书资料、附录、补遗搞得焦头烂额的图书馆管理员们已经在普遍使用卡片。在这个世纪的早期，姓氏有些古怪的威廉·克斯韦尔被哈佛学院雇来编辑一套新的编目。他突发奇想，将老的编目剪成一张张小条，再按照题材将每个条目分门别类——这项工作成为“纸条编目”（slip catalog）的基础，纸条编目使图书馆员们每年对图书馆藏书的复检工作轻松了很多。直到1860年，哈佛才开始在公共编目中使用卡片——就是我们今天意义上的卡片编目。卡片的应用迅速流行，杜威图书馆事务所的《目录》（*Catalog*），许多页面上充斥着卡片、箱柜、专门的打字机以及其他卡片编目所需的各种设备和工具。

但是，杜威想要标准化的并非只是编目，而是与图书馆相关的所有方面的体验。图书馆事务所出版的《目录》的字里行间，都隐含了杜威意欲控制全局的理念：那些书桌、地图架、书架、工作台和日期戳、印台和水笔，图书馆管理员们在世纪之交的时候依赖这些东西，装备出当时效率最高的图书馆。椅子的线条简洁优雅，椅腿细长而不加任何修饰，为了避免灰尘的积累，椅座下面是空的。拥有专利的书架支柱，以及各种标签使每个图书馆给读者的阅览体验都一样。在杜威灵感的激发之下，与图书馆经济相关的各种工具设备开始繁衍增生。例如，大量专门的标签、口袋、文

具、水笔尖以及其他杂七杂八的用具。《目录》上所提供的设备，可以使一家懒散沉闷的乡村图书馆在把书送到人们手中的时候也可以变得高效，这正是机械化时代早期的读者们的梦想。 142

图书馆事务所商品目录的一个突出之处在于它的编排方式，就像杜威图书馆中的书籍一样，也遵照十进制的数字系统。门口的一张桌子上，上面的纸张并没有写着可以在什么地方找到报纸架、编目卡片所用的打印机以及地图支架等物品，而是它们的相关类别。例如，20s 这一类别，是关于“工具配件”的，在这一类别中，包括了印章和日期戳，它们的编号是26s；从那以后，才开始按照字母系统来编排。在图书馆中，分类编目系统让读者们感到沮丧无助，其目标是要鼓励和奖赏尽可能广泛的浏览。其他图书馆的改革者们将图书馆的读者比喻成购买商品的顾客，对于杜威来说，这不是一个比喻。

杜威对妇女的态度为其对图书馆世界的多重影响，提供了另外一个例证。1857年，波士顿图书馆（Boston Athenaeum）成为第一家雇佣妇女在其中工作的图书馆，这也是杜威认准时机并采取了行动的又一项改革措施。他在哥伦比亚创建的图书馆经济学院允许妇女们参加了他组建的第一个班级。杜威采取了这项措施，却没有咨询大学董事会的意见，这成为两年之后他们决定关闭这个学院的最重要因素（杜威又把学院搬到了位于奥尔巴尼的州立大学）。从表面来看，这个举动很像是维护妇女权利方面的先锋行为，但是，他的传记作家威甘德却指出：杜威接纳妇女进入学院与他雇佣妇女到图书馆工作一样，就是想要降低这份职业的层次和等级。在当时的社会，妇女地位低于那些在大学担任教职的男士们，在杜威看来，这种上下从属的关系恰好反映了图书馆员应该服从于教授以及其他专家们的那一种职业性的从属关系——一种在他看来对于图书馆的高效运转十分必要的从属关系。与此同时，他在 ALA 的同行们在指导他们的客户们如何阅读方面树立起了权威，但是杜威回避了这项使命。对于图书馆的工作 144

者们来说，为图书馆编目以及把图书送到客户手中这些事就已经够他们忙的了，哪里还有时间去选择图书？威甘德指出杜威并没有意识到，他高效率地“剥夺了图书馆员们在确定‘最佳阅读书目’方面的‘权威’，也因此大大地限制了这份工作在职业世界中的地位和权利”。

与杜威同时代的其他图书馆员们，恰恰相反，对这门职业充满了乐观和自信——确定“最佳阅读书目”是其中最重要的一个方面。即使在这个职业圈之外，那种试图大大提高全人类文化素养的普罗米修斯式的冲动，也昭示出努力将书籍送到读者手中的道德必要性。在19世纪图书馆迅速增长扩大的时期，没有谁比爱默生更关心学生以及读者们所正在面临的挑战。1868年，爱默生给哈佛董事会写了一份报告，建议设立一个新的职位——“书籍教授”，为那些在吱吱嘎嘎的书架迷宫中寻寻觅觅的人们提供指导。学生们想逃离图书馆，他写道：

> 众多冷漠的图书让他们感到气馁——在年轻人注视的目光下，图书们似乎把有用的信息和学问遮藏了起来……会不会有一些善良的学者同情他的好奇心，……引导他接近那些书籍并找到那位似乎专门为他而创作的作者；能不能有一位绅士坐在一张桌子的后面……就好像图书馆的问询员，从而图书馆员可以让人们去咨询他与作者和题材相关的问题。

爱默生对哈佛学院学生们所处困境的同情，折射出19世纪的图书馆员们对所有感到迷失的读者们的关注。就像神话告诉我们普罗米修斯的恻隐
145 之心怎样使他孕育出对人类的爱，《美国图书馆期刊》第一期上所描述的神话，同样为我们呈现了一幅图书馆员们在努力地塑造读者们的体验和头脑时的那种神谕一般的画卷。

殖民和联邦时期的美国人教育程度很高。1731年，本杰明·富兰克林和他所在的费城文化团体“讲读社”（Junto）的成员们一起组建了图书馆协会，为社区提供图书。波士顿图书馆创建于1807年。在这段时期，图书馆和文化沙龙在大小城市如雨后春笋般地涌现出来，一些持激进的民主主义观点，另外一些则有着很强的精英意识。但是，在1800年代的早期，美国社会有了发展和变化；到19世纪中期，早期那些有教养的人们的后代与他们的欧洲同仁们一样，感到公众的阅读水准在普遍地下降，并对此感到焦虑。

以查尔斯·弗朗西斯·亚当斯为例，他在马萨诸塞州的昆西管理一家公共图书馆，就提出了类似的看法。他提醒他的同事们：普通学校只教育公众“阅读，但是不教如何阅读”。这种不靠谱的教育对图书馆的危害是显而易见的。在《美国图书馆期刊》的创刊号上，亚当斯描述了免费图书馆所提供的机会将如何使公众们难以招架——被种类繁多的阅读材料搞得不知所措，不知道如何寻找和阅读最好和最美丽的书，最后，与他们所拥有的潜能一起，他们不得不抱憾离开。在描绘这种风险和困难时，亚当斯以成瘾来做比喻，“这太容易了，”他说，“也很愉悦，只是阅读那些毫无意义的书，轻松而有趣的书，越轻松越好，这就像我们要戒断一直咀嚼烟草或者抽烟的习惯，又或者不再依赖茶、咖啡或者酒精来提神一样难。”

关于同样的问题，威廉·弗雷德里克·普尔（他在管理着芝加哥公共 146
图书馆）也利用吸烟和阅读习惯两者之间的关系来发表自己的观点。对于普尔来说，吸烟并非全部是消极的，“我一边吸烟一边读弥尔顿，”他宣称，“而且是出于同样的动机：就是想知道其中是什么奥妙让我父亲感到那么快乐。”但是，普尔承认，很多人，因为第一次关于烟草的体验不太愉快，而不考虑去进一步探究它的魅力。阅读也是一样——过早尝试太强烈的口味，新读者很快就会变成前读者。虽然普尔和亚当斯在烟草方面的见解不同，但是他们在阅读习惯的性质和形成方面的观点却完全一致——反对知识精英对于新图书馆不屑一顾的态度。它的好书不够多，精英大概会这样说：“我们的”书不够多。确实，这类书不够多，而精英们的创作速度永远不够快，快到可以在廉价、俗丽和“重口味”的世俗风尚中幸存下来。普尔提醒精英读者们他们自己的品位也并非一直都是那么高雅的。

> 学者，为自己拥有的学识感到骄傲，却忘记了他自己头脑发展进程中所经历的步骤——在托儿所里听到的那些故事，男孩时期令他欣喜若狂的冒险故事书，还有年轻时让他泪流满面的爱情小说。他认为大众如果读不到他反对的那些书就会去阅读符合他的水准的书；但是，他错了——不能选择，读者们就什么书都不读。

后来他又写道：

> 我从未遇到过一个有很高文化教养的人否认在他人生的
> 某一个阶段，通常是年轻时期，不曾大量地阅读小说……我的
> 147 观察……让我确信每一个拥有很好文化素养的人都曾经有那么
> 一个有限的阶段，渴望阅读小说，甚至大量地阅读小说；如果
> 这一渴望得到了满足，他就会顺利地进入到下一个更为广阔的
> 学习领域。这种渴望从此再也不会像当初那样影响到他。

这里，精英读者的成就——他们文化习惯的养成和发展，令普尔想到了一种理想阅读模式的形成。19世纪大量而普遍的阅读，已经被出版商与签约作者们转化成一条反映性别和社会层次的文化链条，在这里，又被转化成个体读者在图书馆员的经营之下发展成长的过程。如果学者们是从

托儿所的神话故事开始，经过了探险、爱情、传记、旅游到历史等阅读阶段，那么新晋读者的成长，与他们的社会一起也应该是这样。在这个发展过程中，每个读者的正确定位都是一位图书馆员的特别工作，是他在客户的生活中所扮演的角色。正如保姆要照看婴儿，图书馆员则要照看图书馆的客户；读者们阅读图书，图书馆员们阅读读者。

在“一位图书馆员的资格”一文中，费城图书馆协会的劳埃德·史密斯（Lloyd P. Smith）概括了一位普罗米修斯式的模范所应具备的动力和才能。他笔下的图书馆员就是一位造物主，将璞玉一般未经雕琢的读者锻造成贵金属一般的文化精英；要掌握古代和现代的语言，了解各专业的最新学术动态，懂得如何吸引赞助人，严守规章，宽厚待人；总体来说，史密斯笔下的图书馆员是一位“海洛力博如姆（helluo librorum）*——吞噬文献的怪兽”。“不懂得用纪律来约束自己的教师，是不配做一名教师的”，图书馆员应该拥有这些素质，是不言自明的，正如史密斯在另外一首拉丁民歌中所告诉我们的：“Custos librorum nascitur，non fit——对文学的热爱……一定存在于他的血液之中；那个人一定来自高贵的婆罗门阶层。”然而，19世纪末的婆罗门与神话中的巨人原形一样——这种传统的力量，介于两者之间：一边是民众，一边是工业巨头和政府管理者，这是一个前所未有的包罗万象、枝节繁复以及咄咄逼人的政府。史密斯的图书馆员可能是一位不成功的牧师，或者是一位得不到教职的教授，不过，尽管不够成功，他却是一位科学家和有学识的人，而文化就是他的所有，这是一位将知识之光带给大众的普罗米修斯。对于史密斯来说，这一阶层的人所拥有的一切才能都必须用来培养一个正确健康的文化读者群，他所有的资源都应该用来追求一个理想，那就是使阅读服务于社会和个人的协调发展。

关于图书馆员在塑造读者方面所拥有的影响力这方面，最突出的一个

---

* 此处为拉丁文。——译者注

设想，出现在塞缪尔·格林的散文“图书馆员与读者之间的个体关联”中的那个引人注目的宣言之中，塞缪尔·格林当时在伍斯特自由公共图书馆工作。格林的陈述是抽象而又断断续续的：不外乎一位典型的图书馆员一天的工作中所发生的一系列花絮。他笔下的图书馆员形象凝聚了温莎所拥有的进步的热情，普尔的仁慈风尚和史密斯那种贵族式的庄重。

首先，了解你的读者。“当学者们和社会地位崇高的人（图书馆的恩主和老主顾们）来到一家图书馆，他们有足够的信心……而一位行为谨慎谦虚温驯的人，以及有着良好教养的男孩和女孩们，却需要鼓励才能流利地说出他们想要什么。”在格林描述的这位图书馆员后来的生活片断中，有一点变
149 得很清楚，那就是温驯其实不是一个问题，而是一种智慧。他们并非不能说出想要什么，而是不知道自己需要什么，这正是应该由图书馆员来着手解决的问题。当手艺人来到图书馆的时候，他们想找的是图案和图画——既然知道想要的资料在哪里，就提供给他们，不需要多说一句话；当一位女士来查找关于码尺起源的信息时，就给图书官员们增加了一些教学方面的压力，当然压力很轻——只要给她们指出与之最为相关的资料所在，等到这些年轻的读者们遇到了困惑，再给她们指明确切的位置。这样一种温和的、试探性的指导，可以使她及时学到自己查找图书的方法。然而如果是一位正在盖房的公民，“已经事务缠身，但是还乐意在图书馆中消磨一个小时的时间”，方式就不同了：“图书馆员们必须把包含着他所需信息资料的图书翻到那一页，然后递给他。”图书馆员对于读者的能力和需求是敏感的。即使关于政治争议，格林也确信：如果图书馆员把正确的图书送到正确的辩论者手中，就会清除解决问题之路上的障碍。掌管着一种新型的图书馆，他应该以他那看不见的手来指引整个社区的发展，他的手指触摸着政治和经济的脉搏以及文化文艺的需求和品味。有时，图书馆员们个人丰富的知识储备已经足够了，不需要求助于图书馆的收藏。“‘是真的吗？’一位年轻的女士问，‘那个我们

常常看到的小雕像，通常被称为“克丽荻（Clyte）”的其实应该是“克丽荻亚（Clytie）*”？’图书馆员回答‘是的。’”确实，图书馆员不需要查找任何词典就应该记得克丽荻亚就是那个偷偷地爱着阿波罗的仙女，因为目光一直追随着太阳的运转而使她变成了向日葵。

就像《窈窕淑女》中的亨利·希金斯，图书馆员从读者嘴中吐出的第一个词，就可以准确地判断出他来自知识地图上的哪个村庄、社区和街 150
道，罗盘各处连接着的所有道路都指向同一座永恒之城——那是一座充满着学识、进步以及精致感知的城市。通过赢取各界读者的“尊敬和信任”，图书馆员们得到了“激发人们学习热情的机会”。“你会发现图书馆的真正使用者们到底需要什么书”，从而使这个图书馆在社区更受欢迎。图书馆的图书“已经提供给各教育层次和道德气质的人们使用，还包括那些思想倾向不同的人们”。对于史密斯的资格目录，我们必须再加上一条，那就是精准的社会意识以及对于人类想象力发展进程的明了。

所有的一切再次归结到一个问题上——人们没有阅读正确的书籍。图书馆就是要运用所有必需的手段来解决这个病症。“把你的助手之中最有修养的一个人安排在流通部门”，格林写道：

> 比如，一些受过良好教育的妇女，她们真心喜爱富于想象力的工作，又受到了良好的判断力的培养……如果她心地善良就更好了……这位助手有一些日常的工作，但是如果有人请求她帮助挑选读什么书，她可以随时放下手边的工作……她的目的就是给每一位需要帮助的人提供他乐意阅读的最好图书。

---

* 希腊神话中的女神，因为倾慕太阳神阿波罗而让自己变成了向日葵。——译者注

“他乐意阅读的最好图书”——如果一位漂亮的助手能够诱惑他阅读，那也不错。在这方面，没有什么诱惑超出了界限，只要持之以恒就行。“图书馆员应该因为每一位带着问题而离开的咨询者而感到烦恼，就像一位商
151 店店主看着顾客离开，却没有购买任何东西时的心情一样。”

与史密斯一样，格林也把图书馆员想象成一副贵族的模样。但是，这位贵族却正处于新旧割裂的边缘，处于传统图书馆员（custos librorum）与现代社会的信息工作者之间。当代图书馆员似乎在传统的文化灵感与现代的职业抱负之间彷徨。“图书馆管理业务”这一说法，最先出现在《哈珀周刊》（*Harper's Weekly*）上的“没完没了”（Continuity）一文中，作者是匿名的。这一业务“与其他职业相比，提供了更大的施展头脑体操的空间”，然而我们很快就会发现，我们的主人公对此并不感到欢欣鼓舞，他既没有时间也没有意愿，帮助读者们把最初的冲动升华成纯粹的文化品位。文中的图书馆员根本无暇经营这种令人头痛的密切关系，因为坐在办公桌后面为客户们提供服务的同时，他还要为“冗长无尽的法国戏剧系列的第四千一十册做编目”。这项工作虽然也很烦人，但是，这位图书馆员却更不喜欢回答客户们的问题。“当一群乳臭未干的二年级大学生们昂首阔步地走进图书馆”，他的思绪“被迫离开巴黎，穿越半个世纪”，从莫里哀的世界回到正在发展着的图书馆内。很显然，这位图书馆员对这一趟的旅程并不感到有趣，二年级的学生们问道：

“说，能不能给我一份长岛湾的地图？”

“说，能不能帮我把所有的书都续借一下？”

“说，能不能告诉我弥尔顿是在什么地方谈到金色半岛（Golden Chersonese）的？”

“说，你可以给我看看有关土拨鼠的东西吗？”

“说，斯克里布纳教授在吗？”

这群二年级学生们似乎还算有教养，他们至少是礼貌的，虽然有一点儿像是在合唱。这位讲述者在极力地表达自己的不屑，同时，清晰地展示 152
了同属其工作范畴的两个部分之间存在着多么深的鸿沟：一方面，他陶醉于目录学的、学术方面的研究和探索；另一方面，他被迫扮演公仆的角色，一个工作人员，一个被锁在咨询台上的抄写员。

二年级学生们离开了，这位图书馆员再次回到了目录学的世界之中，“这里，”他写道，“是一个薄薄的小册子，名叫 *Les suites d'un marriage de raison......par MM. Dartois, Leon Brunswick et Lhéric[sic]*。要将它编目，我必须首先确定它的作者……”不久，更多的客户过来打扰他——在“没完没了”中，客户们都是愚蠢、尖刻和爱发牢骚的。一个男人在帮助他的女房东养斗鸡，另一位需要别人帮助辨认自己的笔迹，一位学生觉得弗朗西斯·培根的《新亚特兰蒂斯》（*New Atlantis*）是一本杂志上的文章，同时，另一位学生想让图书馆员帮他写一篇关于拜伦（Byron）的文章。有人问：图书馆员是否需要具备一种特别的“文花”（文化）品味，另一位则希望他帮助弄清楚一份伙食账单。

尽管这些“秃鹫们”接连不断地叼琢着他的肝脏，这位图书馆员仍然在艰难地前行。最后，他使自己确信剧作家海瑞斯（Lhéris）实际上就是莱维（Lévy）家族中的一位，并最终找到了关键的证据。这时候，逐渐微弱的阳光“凄凉地透过……油漆的窗棂照射进来”，与图书馆空气中旋绕的尘土纠结起来。通过这个景象，讲述者给他所工作的地方赋予了一种教堂的氛围——在这里，“忏悔”整天不停地冲击着教士们的头脑，他们却无法从赞美诗的吟唱中获得解脱。“终于给那个小小的法国剧做好了编目，”他最后写道：

> 作者卡片、主题词卡片、对照检索以及所有的一切，达特斯（Dartois）和莱维兄弟被证明是很多产的作家，不久，他们的名字作为一些作品的联合作者被编入了主要编目之中。可是有一天，我偶然发现，达特斯确实曾经把他的名字写作弗兰克斯·维克多·阿曼达·笛阿特斯·德·波农维尔，于
> 153 是，我不得不把一切再从头来过。

《哈珀周刊》上的这位图书馆员代表了普尔和温莎等先锋者们所描绘的理想形象，同时也反映出——或者说遭遇到一系列同样的问题。他拒绝把嘲弄者的挑战当作职业转化的契机，正相反，他融会了老派图书馆员身上所有的弱点：嫉妒、蔑视一切，这些是先锋者们所不以为然的，对于在转变之后的图书馆中自己地位的下降满怀怨恨——在这里，书籍对所有人都是免费的，甚至对那些有遗忘症的人，那些愚蠢的、百分之百的文盲。虽然痛苦地意识到图书馆服务格局的转变，但是，他却拒绝融入到这份职业所能提供的符合时代进步的格局之中。

正如图书馆事务所的《目录》在1890年所指出的那样：图书馆编目的首要目标就是帮助客户们尽快找到他们想要的书籍。与第一位普罗米修斯式的图书馆员——帕尼兹，在19世纪初改革大英博物馆的编目体制时所断言的一样。然而，对于这个世纪末的图书馆员们来说，编目工作仍然自顾自地停留在目标的一端，读者们对于正确书籍的求索就只能或者总是在路上。

他的前辈、同行和导师制造了一个职业神话，他们设想不同的阶层有着不同的阅读口味（实际上不难理解，富人和穷人都喜欢廉价、俗丽和“重口味”的东西），并把它作为发展规划的不同阶段。在这个过程中，他们把自己想象成智力医师，将不同发展阶段的读者们分门别类，为他们提供诊断，并在他们偏离轨道时进行纠正和治疗。在“没完没了”中，所有

发展的神话都无影无踪，留下的是社会原子的本质，那就是每个读者与其他读者都相互隔离，而那位图书馆员则与所有读者们相隔离。“没完没了”中的人物们深陷于自身的各种弱点之中。这位图书馆员显然是很现代的，因为他意识到了这些，为了那些缺乏知识储备来享用它们的读者们，他仍然不辞劳苦地做着编目。图书馆员们不能指望自己有能力去指导人们如何 154
享用像文化以及信息渠道这一类的巨人的礼物。最终，他们也很难插手去塑造所谓的文化品位，因为对它们的影响来自更为宏大的社会发展的力量——如现代生活中的多重欲望和消遣，以及各种干扰等等。 155

六、知识在燃烧

如果19世纪是在建设图书馆，那么20世纪就是在摧毁它。焚书当然不是20世纪的发明，它伴随着整个图书馆的历史：从亚历山大到特诺奇蒂特兰城，从卡帕多西亚到加泰罗尼亚，从中国的秦朝到英格兰修道院的消失。但是，在20世纪，摧毁图书的新方式以及摧毁图书的“功绩”得到了检验和“升华”。20世纪末，书籍脱离了传统的形式——先是被做成模糊不清的缩微胶片，然后是存于清晰无误的互联网中，对此我们不需要多说。20世纪，是以第一次世界大战以及第二次世界大战对于图书的变本加厉的粗暴对待作为开端的。海因里希·海涅曾经说过：“谁在那里焚烧了书籍，谁最终也会在那里焚烧人。”这句话常常出现在关于焚书运动的事后描述中，尤其是1933年5月发生的纳粹焚书运动。海涅生活于19世纪，（在 156
《阿尔曼索——一出悲剧》中）（*Almansor, eine Tragödie*）写了发生在15世纪西班牙和葡萄牙的焚书事件。在最近的这个世纪，这个为意识形态和战争所笼罩的世纪里，有一点变得越来越清楚，那就是焚烧并不是摧毁一座图书馆的唯一方式。

1914年8月25日，侵入比利时不到两个星期，德国军队就进占了大学城鲁汶。鲁汶以它特有的哥特式艺术、建筑以及那座辉煌壮观的大学图书馆而为人所熟知，当时，比利时军队并没有做任何抵抗来保卫这座“开放”的城市。在布拉班特公爵的统治下，中世纪时期的鲁汶因为纺织工业而繁荣，到15世纪时，已经开始衰落了。1425年，教皇下了一道诏谕，在鲁汶筹建一所大学，这个计划拯救了这座经济上一片荒芜的城市。这所新的大学不仅招收比利时、荷兰、卢森堡等低地国家的学生，也招收法国和德国的学生，从而使这座城市很快成为世界性的学术文化中心。部分原因是大学需要书籍，因此鲁汶也成为比利时的印刷中心。从1474年到1496年，第一位比利时印刷商让·德·威斯特伐里亚每年大约在那里印制六部图书。因为受到大学校长的司法管辖权的保护，印刷商们纷纷来到这里，使这座城市成为图书交易的避风港，相对来说，可以不受官方的审查以及皇室主顾们捉摸不定的喜好所造成的压力制约。这座尖塔林立、书店密布的佛兰芒城市吸引了一些重要的学者，其中最著名的是伊拉兹马斯*，1517年到1521年，鲁汶就是他的家。尽管没有正式进入大学工作，但是他帮助创建了一座三语种的人文学院，这座学院以希伯来语、希腊语以及拉丁语的文献研究为特色。在这段
157 时间里，大学的那座小图书馆开始发展，大部分图书来自于鲁汶图书交易市场，直到1730年，一次三千五百册图书的捐赠使大学的收藏一下子膨胀起来，图书馆因而拥有了一座自己的建筑。到1914年8月，这座图书馆拥有大约七万册图书和三百份原稿，这是大约五百年未曾遭到干扰的学术研究所结下的硕果。在这些收藏中，有三百五十册古版书，一系列早期印刷的圣经版本，大量珍稀的耶稣会材料，低地国家宗教改革方面的丰富资料，路易十四入侵比利时的三十年战争时期的政治小册子、各种档案，以及托马斯·凯丕斯的签名手稿，还有大学的一些重要的档案文献。

因为德军的侵占，愤怒的当地人开始奋起反击侵略者。德国人对此反应快速而激烈。“在鲁汶东部的一些村庄已经遭到了德军的残忍报复，”《纽

* 文艺复兴时期荷兰神学家、社会批评家和人文主义者。——译者注

约时报》8月30日报道，“特阿蒙特的一部分也被德军焚毁了。”为了预防占领区居民的进一步攻击，德军在进占鲁汶的时候，“抓捕了三名人质，他们是市长和两位杰出市民……一个人质的儿子，一位十五六岁的男孩，正站着与德军指挥官谈话……突然间，他掏出一把手枪把那个德国人打死了。”这一枪对于正在周围观察的游击队员来说，似乎是个明显的信号，“一时间枪声大作，有人从广场周围的屋顶和窗口同时射击”。但是，比利时目击者所讲述的却与此不同，他们说是德军后撤的时候“乱了阵脚”，误杀了他们在鲁汶的指挥官，导致几个德国人死亡（《泰晤士报》报道，刊登的时间是伦敦时间8月28日）。

不管是谁枪杀了他们的士兵，德国人决定要还以颜色。首先，他们枪杀了人质，然后“命令居民们离开他们的家……士兵们开始向城市各处投放炮弹”。鲁汶举世无双的哥特式建筑，那些独一无二的艺术珍宝，以及它那令世人瞩目的图书馆，都被彻底摧毁了。“这个城市，”《泰晤士报》报 158
道，“有着四万五千人口，是低地国家的文化学术中心，现在只剩下一堆一堆的灰烬。”

德国政府声称比利时国民伏击了德军的后勤部队，挖出了战场上受伤士兵的眼睛，是这些“暴行”使德国军队采取了火烧鲁汶的必然行动。“在我们的军队占领区，比利时人的野蛮态度促使我们不得不采取严厉措施，”德国人宣称，“还迫使我们要竭尽全力地保护自己。”西方社会当然不这么看。“这是对文明的背叛，”8月29日的伦敦《每日时报》写道，“在非军事区展开战争已经是很恶劣的了，但是这场战争针对的是祖先留给我们的财富。”德军将整座城市夷为平地之后的第八天，一位目击者写道，“即使到了郊区，半毁的原稿和书籍的纸页仍然随着风到处乱飞。”有一份手稿免于这场战火，那是因为一位教授因为研究需要把它借了出来，并且在德军占领之前带着它逃离了这座城市。在逃难的路途中，他把这本书埋在了根特附近的一座花园中，书“被装在一个小铁箱内”。没有记录表明这份独一无二的手稿最终被返还给图书馆或者被发现了。鲁汶战前的这座伟大的图书馆，留存下来的最后一本书，或许还留在那个小铁箱里，那是一座只有一本书的秘密图书馆。

战争结束之后不久，一群美国捐助者组建了一个委员会，要重建这座图书馆，并筹集资金，委托建筑师惠特尼·沃伦设计一座新的建筑。但是这个项目从一开始就陷入了争议之中。马林地区的大主教梅西埃负责鲁汶
159 地区及其大学的事物，他为沃伦提供了需要镌刻在栏杆上的铭文：Furore Teutonico Diruta/ Dono Americano Restituta（因为德国人的暴怒而遭遇毁灭，因为美国人的慷慨而得以重建）。这位主教在图书馆建成之前去世了，而大学校长拉德兹大人则认为这段铭文的内容欠妥。大学中德国学生在人数上占有相当的比例，而教职员也必须跟德国同行们进行学术交流。拉德兹感到宣扬沙文主义不应该成为大学使命的一部分，这所大学应该作为一个孕育学术文化的摇篮而为所有欧洲国家共享。

但是梅西埃主教的情感冲动已经对沃伦的图书馆设计产生了影响。美国人组建的委员会发表了一本小册子，宣布正门上雕像的重点是“胜利女神的形象，周围的装饰画面是圣乔治和圣马克击退邪恶之神的情景”。这个建筑的装饰设计中还包括一个图书馆被摧毁的场景和战斗英雄们、“国王、王后以及梅西埃主教”的头像。栏杆上镌刻着德军的暴行，同时包括“比利时和美国国徽”。除此之外，最惹人注目的是钟楼上的钟，“在佛兰芒城镇，钟声定时鸣响是平常的”。但是，这个钟将有些特别：“每小时……钟声都会演奏那些在世界大战中反击侵略的国家的国歌——‘星条旗永不落’、‘马赛曲’、‘主佑吾王’以及‘布拉班人之歌’（比利时国歌）等等，从而向世人宣示，荣誉、权力和正义永存。”

一想到大学的图书馆就要变成沙文主义的音乐盒，拉德兹校长就焦虑无

比，因此他极力主张大家要克制。沃伦的计划最后基本上都被采用了，只是删除了过世的梅西埃主教所喜欢的那些沙文主义因素：演奏国歌的大钟、胜利者的国徽和描述德军暴行的文字。那本小册子曾经宣布新图书馆的钟楼将 160
“俯瞰周围乡镇”——这个细节，也只有这一个地方遂了美国人的心愿。

拉德兹，这位有着人文主义理想的校长死于二战前夕。1940年5月16日，当德国军队再一次踏上比利时的国土，首先映入他们眼帘的就是那座在城市的树丛和林立的屋顶中高高矗立的图书馆钟楼。另一代鲁汶人在德国人冷酷无情的轰炸之下逃离了家园，因为这一次，这个城市变成了一个军事目标，成为了英军的大本营，而英军当时正在准备着撤退到敦刻尔克和英吉利海峡。

就在那一天的下午，德国人的大炮轰炸了图书馆的钟楼。一位目击者、附近一个城镇的市议员声称，一位德国军官曾经向他确认图书馆的大钟所在，后来他看到这位军官手下的士兵向钟楼开火。其他目击者们报告发生了两次袭击，每次大概持续半个小时，炮火集中在图书馆。信号弹（那明亮的磷光拖着长长的尾巴，使炮火的打击更精确，也更有效）划破天空，进入了图书馆的建筑。炮弹炸裂了房顶，点着了阁楼里的图书，同时还融化了走廊里的玻璃地板。顺着暖气管，融化的玻璃把大火蔓延至位于地下室中的手稿室和珍本书室。后来，它们冷却之后，又变成一个个颗粒，在损毁的书架间闪闪发光。“整座建筑，”新任校长凡·维仁波格大人写到道，“被摧毁殆尽。”他注意到：“景象十分凄惨，铁梁和金属框架扭曲垮塌，这里、那里都是倾倒的书柜，成了碎片的书籍还在它们原来的地方。”图书馆附近的房屋和建筑都完好无损，很明显，德国人把图书馆作为这一地区唯一值得摧毁的目标。 161

在袭击之后的几天里，德国人似乎急于想证明火是英国人点燃的。一些目击者注意到：在英军撤离之前的那个清晨，图书馆中第一次升起了火苗。是地下室里的大火最终导致主走廊上的石地板碎裂，德国人后来指出了英国人在地下室中放置爆炸性物质的“证据”。德国报纸的报道声称，一位专家在图书馆中发现了大概十二处纵火的痕迹。驻扎在鲁汶的德国指挥官召集凡·维仁波格大人和图书馆员安提尼·范·考文伯教授，要求他们指证门上发现的一些污迹，是英国人用来点燃大火并促使火势蔓延的易燃物所留下的痕迹。对这两个人来说，那些污迹更像是油漆被大火融化之后所产生的气泡在流动时留下的痕迹。实际上，那位审问图书馆员的军官是想让他来证实图书馆收到的一些从日本运来的箱子——实际上，里面只是一些书籍而已——装的是汽油罐。这位图书馆员后来声明他不承认这种说法，德国人还是一味地把责任都推到了英国人身上。

德国人为什么再一次把目标对准了图书馆？或许他们摧毁了那个钟楼，是因为不想让比利时人和英国人把它作为狙击手和炮手的瞭望塔。校长确实汇报说（向比利时战争罪行审判委员会，其报告发表于1946年），在德军袭击之前，图书馆的看门人发现两位比利时士兵在钟楼上用双筒望远镜向东部瞭望。他让他们离开，责备他们正在毫无意义地使图书馆陷入危险的境地（士兵的视线并不好，他说，而且他们没有无线电和其他情报通讯
162 设备向上级汇报）。德国人从未声明这个钟楼是一个瞭望哨卡，尽管这样可以使他们的炮击显得更加合情合理，也用不着那个英国人的故事了。

1946年发表的委员会的报道支持了另外一种说法：一位名叫埃米尔·范·凯姆贝克的人，他住在鲁汶城外，其住宅被德国炮兵队的指挥官征用了，他作证说：

> 他们有一辆车，从那里可以确定炮火打击的方向。那辆车就停放在我的花园里，我不可以接近它。[后来]他们邀请我一起吃饭。……吃饭的时候，一位德国军官对我说，那段“因为德国人”的铭文还在图书馆里，我告诉他那不是真的，但是那位德国军官还是坚持他的说法。

如果委员会在1946年收集的这个、那个目击者的陈述都是可信的，那么就说明德国军官们相信，这座图书馆是一战联军的胜利纪念碑——是德国人的耻辱——就像建筑师沃伦和梅西埃主教曾经设想过的那样。

德国人有其他原因痛恨鲁汶图书馆，因为它不仅仅只是一座从城市的废墟中再度兴起的新的图书馆，还有它的藏书，是一战以后，从战败的德国缴获而来的。是那些作为战利品的图书充实了比利时的图书馆，鲁汶图书馆也因而再次拥有了丰富的收藏，包括一些古版书和中世纪的手稿，其中很多都是从德国图书馆的书库中收缴而来的。在五月的那个阳光明媚的早晨，在花园中，跟范·凯姆贝克聊天的德国人并没有提到被盗走的德国图书。他们还是相信：在鲁汶图书馆众多的文字表述中，有一条是他们所不能容忍的——就是刻在石头上指责德军的那一行字。 163

纳粹烧毁的并非只是鲁汶的图书，而且这也不是第一次。

> 1933年5月10日的晚上，整个文明世界都震惊了，位于柏林大学与菩提树下大街上的国家大剧院之间宽阔的弗朗茨·约瑟夫广场上，所有对纳粹政策持有异议的作者的书籍，包括我们的海伦·凯勒的书，都被烧毁了。
>
> 整个下午，纳粹搜查队闯入公共和私人图书馆，凡是“智慧超群”的戈培尔博士认为将对纳粹德国不利的图书，统统都被扔到了大街上。

这是深受震惊的美联社驻柏林记者路易斯·洛克纳从一个焚书现场发出的报道，这是1933年春季纳粹安排的大规模焚书运动中的一个。洛克纳把这些火看成是纳粹知识界的领军人物以及未来新德意志帝国的文化部长约瑟夫·戈培尔个人意志的公共表述。戈培尔从未亲自下令焚烧这些书籍，搜集和焚烧书籍是亲纳粹的学生组织“德意志学生”（Deutsche Studentenschaft）所为。这些学生们首先清洗了他们自己的以及学校的图书馆，然后转向书店和租借图书馆。最后遭殃的是租借书籍——那种长期以来为职业图书馆员们所厌恶的图书，一般在烟草店和报纸摊上可以看到，它们通常是一些通俗小说、爱情、侦探故事之类的。图书馆员和纳粹同情者沃尔夫冈·赫尔曼谴责它们是“妓院文学”。焚书者们仰仗赫尔曼的智慧——他主动给了他们一份作者名单，以便找出可以用作燃料的书籍。
164 或许海因里希·海涅的书也在名单上，他的《阿尔曼索》（*Almansor*）为这个充满惊恐的世界提供了一条关于焚书的名言。狂热的学生们和冲锋队员们拿走了很多书，海涅的以及其他人的，不管它们是不是在名单上。

尽管他们摧毁了很多戏剧作品，但是焚书者们却并不缺乏戏剧般的冲动。焚书是一场表演，正如历史学家列奥尼达斯·希尔所指出的那样：“那些策划者们对历史先例很清楚，像异端审判、路德毁掉教皇谕旨……以及纳粹学生1929年焚毁凡尔赛条约……”在法兰克福的一场焚书行动中，学生们租来牛拉的肥料车把书运到了焚烧现场，为了安全和严肃性，消防员们也参加了焚烧行动，预演了雷·布莱伯利《华氏451》（Fahrenheit 451）*中最具讽刺性的一幕。这里或者那里，组织焚书的学生们成为“主旨戏剧”（Thing—Theater）美学的先驱，这是一种受到纳粹启发、政府赞助的娱乐形式，也是戈培尔未能得逞的企图的一部分，这个企图就是用真正配得上德意志民族的戏剧形式取代颓废的现代戏剧。正如洛克纳从柏林发来的报道所描述的那样，学生们“在冲天的熊熊烈火映照下，上演

* 美国作家雷·布莱伯利的小说，1953年出版。小说讲述的是在一个专制的社会里，所有的书都遭到禁止，消防员的工作不是灭火，而是焚书。华氏451度，即摄氏233度，正是纸张的燃点。——译者注

了地道的印度式舞蹈，喊着咒语”。这些咒语，被称为“沸尔斯普如彻”(Feuersprüche)，或者说“火焰讲辞”，他们发出了宗教式的号召；其中一些内容是这样的：

1. 为了国家、社会和一个理想的未来，反对阶级斗争和物质主义。

   马克思，考茨基*

2. 为了家庭与国家层面的法纪和道德，反对颓废主义和道德 165
   沦丧。

   曼恩，恩斯特·格拉瑟，卡斯特纳

3. 为国家和人民而献身，反对犬儒主义和政治背叛。

   福斯特

4. 为了人类高尚的灵魂，反对贬低性地夸大人的动物属性。

   弗洛伊德学派，《意象》期刊（The Journal *Imago*）

5. 为了尊重我们的过去，反对窜改我们的历史和诋毁它伟大的形象。

   艾密尔·鲁特维克，沃纳·黑格曼

6. 要负责任地参与民族国家的复兴工程，反对期刊报纸上所谓对犹太人应该一视同仁的论调。

   特奥多·沃尔夫，格奥尔格·伯恩哈德

7. 为了军国主义精神的培养和教育，反对在文化上背叛参与了世界大战的士兵们。

   雷马克

8. 为了保护我们的民族最珍贵的财产，反对自以为是地败坏

---

* 这里列举的是在这方面应该遭到批判的人物和书刊，下同。——译者注

我们的语言——德语。

阿尔佛雷德·科尔

166 9. 要敬重永恒的德国民族精神，反对自满和傲慢。

图霍尔斯基，奥塞斯基

尽管戈培尔并没有写这些“沸尔斯普如彻”或者组织焚书，但是这些仪式令他感到鼓舞，他马上给这种精神冠以德意志民族的名义。听到柏林要焚书的消息，他冲到弗朗茨·约瑟夫广场上对着狂热的民众发表演说：“德意志的男人和妇女们！”洛克纳记述了他的讲话：“……在这个夜晚，你们正在做着正确的事情，让我们把那些过去的邪恶精灵都投放到烈火中去吧。这是一个强有力的、伟大的、具有象征意义的行为，一个值得整个世界为之瞩目的行为……在熊熊烈火的见证下，我们的誓言是：为了德意志国家和民族以及我们的元首阿道夫·希特勒，嗨！嗨！嗨！”

弗洛伊德的名字出现在了“沸尔斯普如彻”中，他对此不以为然：“只是我们的书？”据说他这样问道：“在以前，他们会把我们跟书一起烧掉。”很显然，弗洛伊德不知道海涅讲过类似的话。1933年的春季只是一个开始，第一所大学的书籍在这个时候遭到了焚烧，整个纳粹统治期间，一共有三十所大学遭遇了同样的命运。在接下来的十二年时间里，上亿的书籍（据统计），连带着六百万人口被投入到大屠杀的火焰之中。

列奥尼达斯·希尔的研究曾经表明：1933年，纳粹对文化的践踏在希特勒篡权之前就开始了。埃里希·玛丽亚·雷马克就曾经对民族主义的爆发提出了预警，他的《西线无战事》早在1929年就在图林根州（Thuringia）的学校遭到禁止。狂热的纳粹信徒们把教授们从他们的岗位上驱逐出去，肆意涂鸦，从博物馆中拿走“堕落腐化的艺术品”，迫使包豪斯建筑学院关闭。1930年，托马斯·曼和他女儿的演讲被中断，随后他们跟阿诺德·茨威格、利翁·福伊希特万格以及其他人一起遭到了纳粹匪徒的电话骚扰和追踪。

1932年8月，纳粹报纸《民族观察家》（*Völkischer Beobachter*）上
刊登了一份作者名录，表示这些人的著作在纳粹掌权之后将被列入禁书。 167
1933年4月，阿尔佛雷德·罗森堡，纳粹党派理论家以及戈培尔在文化事务上的竞争对手，发表了一份只有十二位作者的花名册。但是，希尔认为审查制度就此衍生了出来，到新德意志帝国建立的第一年底，二十一个办公室分别查禁了一千多本书；一年之后，四十家机构联合起来查禁了大约四千一百种出版物。

在接下来的几年中，戈培尔和罗森堡竞相使用自己手中的权力查禁各种图书，同时以德意志民族的名义重塑德国的文学。罗森堡所有的权力只限于党内，戈培尔则掌控着整个德意志文化部，一旦罗森堡投下诅咒，戈培尔就发布命令，他们互不相让的热情鼓动起一股洪流，其中交织着一份混淆不清的名单与对文化工作的批判。尽管德意志帝国的权力在希特勒的领导下坚如磐石，但是审查工作却在国家警察部门、党徒以及狂热群众的参与和干预之下处于分散状态。整个德国的教师、学生、书商和图书馆员们目睹了纳粹将遭到查禁的书籍从学校图书馆中清除干净，都保持了沉默，图书馆员们之后还用符合纳粹文化标准的书籍来替代那些被抄走的图书。

即使在1930年代末及之后，纳粹审查制度正处于高峰时期，德意志帝国的禁书名单也是秘而不宣的。书商、教师和公民个人都要自己琢磨出一套标准，从而避免自己遭到戈培尔在鼓舞民族精神的名义之下所做出的惩罚。因此，图书并不都是由暴徒烧毁的，因为害怕遭到抄家，普通的德国民众在荷枪实弹的家伙们上门之前，就开始焚烧他们自己的书籍。“那些试图烧毁自家图书的人们，”希尔写道，“发现这件事做起来并非又快又容易……厚厚的纸张必须分开来，这样空气和火焰才能把它们一张一张地烧
毁……要不然，火苗只能熏黑书的边缘……用火炉和壁炉来烧毁大量的书 168

籍则乏味而耗时。”

纳粹不仅焚烧了图书馆，也以他们自己独有的方式建设着它们。那么多的图书被毁，那么多的德国文学遭遇审查，同时也制造了一个巨大的亟待填补的空洞——那个地方，至少得用严格意义上的真正的纳粹文学来充实。某种程度上来说，纳粹将那些消失的图书转化成了资金：当德意志帝国正在变成战争机器的时候，那些被查没的犹太书商的店铺成为军事建设的资金来源，而收缴的图书和手稿，与盗走的艺术珍品一起充实了政府的金库和个人的腰包。有时候，纳粹努力扮装成收藏家和知识分子的角色来囤积艺术品和书籍。

对于这些企图，阿尔佛雷德·罗森堡是最热情的。他那独特的文化敢死队——“特遣突击队”（ERR），在新占领的东部地区搜刮横行，他们摧毁了大型的图书馆，也把很多图书馆全部偷光了。希尔写道：“1940年7月，希特勒责令特遣队……为战后纳粹大学‘高等学府’的图书馆收缴图书……在东部，由二十到二十五个穿着特殊制服的人员组成的小分队随军出行，在那里，ERR调查了三百七十五个档案馆、四百零二个博物馆、五百三十一所机构，以及九百五十七座图书馆。”这些行动使得罗森堡位于柏林的东方图书馆一下子拥有了一百万册盗来的图书。

收缴上来的犹太人物品扩充了法兰克福城市图书馆的犹太文物收藏，达五十五万件之多，图书馆由罗森堡主管的犹太问题研究院管辖。“在波兰，从1939年12月到1940年3月，”希尔写道，“纳粹掠夺了一百多家图书馆……估计罗兹市（Lodz）一处被盗走的犹太文物和希伯来语资料就有
169 六十万册之多，整个波兰则达到一百万册。”德国人“有组织地焚毁了”库拉辛斯基图书馆，波兰籍的图书馆员们曾经把国家图书馆和华沙大学的珍稀图书藏在那儿的地下室里。“ERR的约翰内斯·波尔博士是希伯来文学专家，曾经在耶路撒冷学习过，在维尔纳，他下令把十万册从几个城镇和

三百个犹太教堂中收缴来的图书汇集在一起，从中挑选出两万册最有价值的，然后将剩余的八万册图书作为原材料卖给纸张加工厂。”受到追缴的不仅是犹太书籍，有关天主教的、共济会的书籍以及斯拉夫语的图书都未能幸免。“在乌克兰，一百五十位专家为ERR工作，帮助他们盗走或者毁掉了五千一百万册图书”，希尔写道：“……在白俄罗斯，超过两百家图书馆遭到了掠夺，国家图书馆失去了百分之八十三的藏书，尽管六十万册图书后来被归还了，但是仍有一百万册至今仍然杳无踪影。”

ERR在西方也很活跃。1943年，德军占领罗马之后，ERR的官员们搜查了罗马犹太社区的两家大图书馆，它们所有的那些无与伦比的收藏，是犹太人在罗马生活的两千多年历史过程中积累起来的。就在把罗马的犹太人遣送到奥斯威辛的前几天，ERR要求图书馆提供图书编目，同时，两列特别预定的铁路列车载着从这两家图书馆查抄的一万本图书，驶向罗森堡位于法兰克福的研究所。

战争开始之前，公共图书馆在德国已经是一种垂死的机构，在很多方面，它是精英文化的资料库。历史学家玛格丽特·史迪格认为，战前德国的图书馆员们分成了互相攻讦的两派：旧方向（Alte Richtung）和新方向（Neue Richtung），或者说老派和新派。老一派的图书馆员——史迪格估计是图书馆业的主流派别，对于进步的理想有着一种罗曼蒂克式的倾向，在19世纪，这种进步的理想曾经激励了很多地方的图书馆员，他们强调应该把教育，或者说个人智力和精神的成长，视为图书馆在社会上所起的首要功用。新派代表人物是沃尔特·霍夫曼，一位自学成才的莱比锡人，纳粹 170
首席图书馆员。对于霍夫曼来说，图书馆所能为读者提供的一切都要服务于那个真正的目标——发展人民的精神世界。正如史迪格所说的那样：

旧方向在伦敦和美国寻找灵感，新方向只推崇“德国主

> 义”。旧方向强调个人，而新方向则念叨着那些集体术语，例如“公共”或者“中产阶级家庭主妇”……旧方向把教育当作一个过程，个人成就仁义的途径；对于新方向来说，教育是一种产品，一种提供给图书馆使用者的产品。

支持老派的人把文化看作是多元、多重和变化的；而新派则“坚持文化只有一种形式”。霍夫曼只想让“好的”书，特别是经典的德语著作，出现在他的图书馆中。

纳粹掌权之后，老派和新派之间的争执结束了。图书馆投入到把德国人民塑造成德意志帝国公民的伟大而神秘的事业之中。对于图书馆员们来说，纳粹的崛起意味着无限的机会空间，他们很快地投入到工作中去，重建他们的机构，献身于德意志帝国的发展大业。他们努力消除纳粹对书籍所持的怀疑态度，希特勒认为书籍以及比书籍更有表现力、更吸引人的一些物质形态，如建筑等，都是比较低下的内心感知的体现。纳粹德国政府规定，图书馆的工作应该把危险、小资、颓废和铺张的阅读倾向置于掌控之中，协助“人”找到有用的信息，而不是让他们的“精神”贬值。

171 史迪格说，图书馆员们不遗余力地将纳粹对于阅读模棱两可的态度转变成实用的口号，使图书馆与第三帝国协调统一起来。希特勒曾经声称阅读应该是“本能的”——更应该在“民族”（völkisch）直觉的指引之下，而不是经由教育培养出来的辨识能力。1935年，德国图书馆为他们的年度“图书周”喊出了一个口号：“书籍——精神的利剑！”1936年的“图书周”宣传海报引用了元首希特勒的一段话：“除了学习建筑和偶尔去一下歌剧院以外，书籍是我唯一的朋友。那时候我如饥似渴、心无旁骛地读书，几年之间我就拥有了自己的知识储备，我现在还依赖着它。”史迪格指出了这段话中的矛盾之处：在纳粹的理念中，阅读所能服务的目标是有限的，它只存在于人生的初级阶段，那是一个必须超越的阶段。

无论如何，图书馆员们竭尽全力地巩固了他们在新德意志帝国的专业地位，他们帮助编辑审查名单，清除自己的主要对手——小规模的商业租借图书馆，积极主动地去除自己图书馆中被戈培尔称为“沥青”文学的部分，即那些现代而混淆不清的东西。根据史迪格的说法，没有哪里比德国之外的德语地区的图书馆更符合纳粹的理想。国家社会主义掌权之前的很长时间里，在捷克斯洛伐克、波兰、阿尔萨斯、洛林以及其他地区，一些活动家们就在试图通过图书馆来培养一种民族国家意识。1919年8月，凡尔赛和平条约签订之后的六个星期，民族主义者们组织了“Grenzbüchereidienst”，即边疆图书服务社，以便在魏玛共和国边界之外的德语地区促进图书馆和阅览室的发展建设。史迪格告诉我们，在这方面表现最积极的是威廉·瑟芬，一位一战老兵，为了推广和传播优秀的德意志民族作品，他曾经创办了“优秀民族作品传播学会”（Society for the Dissemination of Good Völkisch Writing）这样一个组织。纳粹上台之 172
后，“Grenz büchereidienst”很快融入了德意志帝国，成为传播纳粹的“海外空间”理念[*]以及雅利安人意识的重要渠道。在捷克斯洛伐克（因为其多民族的特性而被纳粹称为“欧洲的耻辱”），因为得益于政府的大力支持，这在德国是不可能的，德语图书馆的实力很雄厚，但是这些图书馆在“Grenzbüchereidienst”的掌控之下却成为了国家社会主义的前哨。

令人遗憾的是，纳粹统治时期的德国，图书馆员们进入了堕落意义上的黄金时代，至少对于那些能够恰当地将民族理念与纳粹邪恶的文化审美观念结合起来的人来说，情况是这样。史迪格写道：

> [图书馆员们]通过使纳粹理念和主题更合理化，并将其

* 纳粹提出的说法，指国土之外可以控制和影响的地区。——译者注

> 具体应用到公共图书馆领域，而完成了职业的重新定位。公共图书馆的政治性得到了强调，融入了民族理念……纳粹图书馆理论明确地排斥了魏玛文化，实际上，这是对文化多元主义的否认，并直接导致了清洗图书馆的行动。

史迪格指出了德国图书馆员们与纳粹统治的双重关联，“这个原本渺小、无足轻重的职业”——与其他国家相比，它在德国更遭到边缘化——“值得人们注目是因为他们保管着图书馆的藏书。图书馆员们收集、管理和发放图书以及其他阅读材料。纳粹决定人民读什么，更为重要的是——不要读什么。因此，从政府的角度来说，图书馆员的职业就从次要部门而变成了核心部门。”就这一点来说，图书馆员们在德意志帝国的早期确实做到了“协调配合”。

173 然而，图书馆对于纳粹来说终究还是一个边缘部门，原因很简单，它们所起的作用是可有可无的，如同史迪格所揭示的那样，政府无法像操纵其他文化设施，比如说教育系统那样，有效地强制人民按照他们的意愿去使用图书馆。因此，纳粹对于书籍，作为精神利剑的书籍的热情消减了——德意志帝国渴望的不是书籍，而是血淋淋的利剑。图书馆员们与纳粹的交易，最终就像浮士德一样——只是向德意志帝国证明了他们的自我满足以及苟延残喘的边缘属性。

德国图书馆员们凭借与纳粹达成的浮士德式的交易而令这份职业侥幸生存，图书馆在其他地方却真正地繁荣起来，即使是在纳粹暴行最猖獗的地区。戴维·沙维特在《对印刷文字的渴望》（*Hunger for the Printed Word*）一书中写到，图书馆是犹太人隔离区和屠杀集中营部分幸存的事物之一。德意志帝国在布拉格附近建立的臭名昭著的“犹太人示范区”——特莱西恩施塔特，有一座藏有十万册书籍的欣欣向荣的图书馆。即使在奥斯威辛比克瑙集中营（Birkenau）的三十一区也有一座图书馆——可怜的八册图书锁在长者的房间里。在维尔纳犹太人隔离区，面对着极度萧条的境况以及可能被遣送至死亡集中营的恐惧，犹太人建起了一座图书馆。1942年10月——维尔纳的犹太人隔离区图书馆成立的第一年，图书馆员赫尔曼·克鲁克写了一份报告，这份超乎寻常的文件现在保存在纽约的意第绪语科学院（YIVO），扎克利·贝克把它翻译成了英文。它既是一份严密的图书馆科学著作，也是交织着希望和绝望的呐喊和倾诉。

蒂娜·阿布拉莫维茨曾经在这座图书馆为克鲁克工作过，她回忆了在隔离区第一次遇到他时的情景：

> 一天晚上，走出我们所在的那个拥挤的街区，来到犹太人隔离区的街道上，我碰到了赫尔曼·克鲁克，前华沙格罗塞图书馆的头，那里曾经是一个重要的、非宗教的意第绪语社会文化活动中心。克鲁克是跟犹太难民们一起从华沙来到这里的……他留了下来……希望回华沙从纳粹的魔爪下救出 174
> 他的妻子，他没成功，所以就困在了维尔纳……

克鲁克记得阿布拉莫维茨，因为去过她曾经工作过的儿童图书馆。他告诉她，他说服了犹太人隔离区的管理机构——犹太居民委员会（Judenrat）在原有的建筑中建一座新的图书馆。他解释说，图书馆的工作人员会从犹太居民委员会那里拿到工资，这样就有更大的可能性得到工作许可，以便避免遭到遣送。

在冰冷的图书馆大堂中，阿布拉莫维茨加入了克鲁克小小的工作团队。他们夜以继日地工作，粉刷房间，搬运书籍，为藏书编目。只有在冬季，没有暖气的房间里温度降到零度以下的时候，他们才停止工作。尽管饥寒交迫，克鲁克却从没想过放弃。在管理图书馆之余，他坚持写日记，记载了隔离区凄惨痛苦的生活细节。在日记里，他记载了渴求文化生活的犹太人举办的音乐会和戏剧演出，还详细地讲述了隔离区居民所经受的折磨和遣送的情景，以及在珀纳瑞（Ponary），逃脱了立陶宛纳粹分子追杀的人们的痛楚经历，珀纳瑞是维尔纳城外树林中的死刑执行场。

但是，在图书馆那寒冷、狭小的空间里手忙脚乱地做编目卡片的时光，让克鲁克和他的同事们从书海中感受到了难得的片刻安宁和欢愉。在报告中，克鲁克努力地记录下这些分分秒秒，以及追寻它们的过程。他为图书馆所做的统计，“令隔离区的读者们，置身于文献编目所发散出来的那种解脱氛围之中”。他记下了各种细节：图书馆中书籍的数量，写作它们所用的语言，被借走的次数，以及选择阅读它们的读者情况。这些资料让我们感受
175 到——“阅读”，对于这些已经被放逐到地狱边缘的读者们来说意味着什么。

克鲁克注意到：在1939年，犹太人被驱逐到隔离区之前，维尔纳犹太人社区最大的图书馆——迈非斯特·哈斯卡拉图书馆拥有令人羡慕的四万五千部图书。克鲁克写道：“1941年9月的第一天，这个图书馆一下子就失去了百分之二十的藏书”——以及四万张编目卡片，都被德国占领军收缴了，他们运走了一千五百册法语、英语和德语图书，另外四千册“不见踪影”。毫无疑问，很多书是在邪恶的德军采取行动之前与读者们一同消失的。同一时期，图书馆的员工们消散殆尽。1941年9月，德军抓走并处决了馆长费乌士·克拉斯尼——他是隔离区建成之前，在珀纳瑞被枪杀的一万九千名犹太人之一。1941年10月和12月之间，另外三万三千五百名犹太人被德军从隔离区带走之后谋杀了；在维尔纳，仅有两万人侥幸活了下来。就在这样一个地狱般的黑暗时刻，克鲁克聚拢了一些员工重新“占据”了这座图书馆，重新编目，尽其所能地为读者们服务。有一段时间，他们给图书馆增加了大量的图书，1942年12月，隔离区举办了一

场庆功会，庆祝这样一个惊人的事实：自从克鲁克重新开办图书馆以来，有十万册图书得以传阅。但是克鲁克对图书馆收藏的增加却抱着复杂的心情，他的日记记录了“特遣突击队”把从犹太教堂和私人家中查收来的废弃图书送到他那里，以便将犹太图书都聚集在犹太人隔离区。

据阿布拉莫维茨回忆，克鲁克办公室的窗户正对着一个庭院，就是在那个庭院里，社区管理委员会的成员们排成一排，被枪决了。一阵寒风穿过隔壁的大房间发出呼啸声，克鲁克却把那里变成了一个崭新的阅览室和博物馆。不久，阿布拉莫维茨写道： 176

> 破碎的窗棂被换了下来，墙壁用新鲜的油漆粉刷了。玻璃柜排放在墙壁四周，里面陈列着犹太经文、银质酒杯、烛台以及壁龛的刺绣帘栊。在这段时间里，博物馆的犹太经文数量有了显著增加。它们从周围的村落——明显消失了的犹太社区，神秘地来到这里。把它们全部陈列出来是不明智的，也是不可能的，除非你想把这个博物馆变成一片墓地。于是这些经文被用床单包裹起来，无声而隐秘地躺在隔离区档案馆的一个角落里。

到1942年9月为止，克鲁克记录有四千七百位注册读者来到图书馆。随着收藏的增加，图书馆在隔离区的监狱、儿童之家以及其他地方建立了“分支”。克鲁克的员工们为图书馆重新制作了严格的编目，到报告写作时为止，一共有二十七个主题分类。

在克鲁克的报告中，精致可爱的手绘表格和图表讲述着一系列的实际情况：一个书架代表着图书馆的所有藏书，上面的每一本书表示现实中的一千册书。被借走的图书种类也以书架上一本一本排列的图书来显示，一册厚厚的大书代表百分之七十八点三被借走的图书是文学类的；挨着它的是一册相对较小的图书，代表儿童文学类（占被借走图书的百分之十七点七）；还有一本小书，代表少量的非小说类图书（占百分之四）。通过这些和那些表格，克鲁克看出了一些倾向。意第绪语和希伯来语书籍比例在犹太人社区遭到封锁的“行动”开始以后增加了，图书馆的读者数量也增加了，百分之二十的注册读者在这个星期租借了图书；在星期天，这个比例
177 上升到百分之二十五。

图书馆的书籍当然不像克鲁克在图表上所希望的那样崭新和整齐。阿布拉莫维茨描述了图书馆藏书的情况：“一些书在开头和结尾有十多页不见了，大概中间丢失的页码也不少，一遍又一遍地装订，以至于边缘部分也消失了，第一列文字可能已经被订进书脊之中的某个地方——简言之，这些书很早以前就应该报废了。”

但是，不管这些书的情况怎么样，隔离区的居民们仍然对它们充满着渴求。在标题为“书之奇迹”的报告总结部分，克鲁克努力地描绘了他的读者们的“心理归属”。“图书，”他问道，“现在还有谁能用到它们呢？”他写到早些时候，这座城市“湮没在犹太人的鲜血之中”，那时候，阅读不仅是一种无法负担的奢侈，也是“周围环境所不能允许的”。然而，也是很早以前，隔离区的居民们发现，没有书籍的“麻醉”作用，他们几乎活不下去。即使在遣送“行动”进行的过程中，图书仍然在传播和流通——尽管，如克鲁克所写：每次行动……都遗留下了它的影响，有些书与“借来的读者们一起离开了。隔离区的人口越来越少，图书馆的图书也越来越少”。克鲁克继续写道：

隔离区的读者们在心理上都是有所欠缺的，其最高理想就是逃走……最不关心的就是怎么才能活下来……只有两件

> 事还可以做到：用阅读来麻醉自己——为了停止思想，或者正相反，为了思考，为了进行命运的比较，通过类比而得出一个结论……
>
> 读者经常喜欢把书当成一面镜子，用来反思他自己的处 178
> 境和周围情况……
>
> 类比就是一个饥饿的人急切地想阅读有关饥饿的书，而一个饱食终日的人是不能忍受这类主题的。
>
> 这里，在隔离区的情境之中，在一批社会心智比较成熟的知识分子之间，列夫·托尔斯泰（无论什么语言版本）的书——特别是他那部里程碑式的作品《战争与和平》——最受欢迎。

其他受欢迎的图书包括被纳粹查禁的《西线无战事》，以及犹太文学和历史著作。还有关于土耳其人屠杀亚美尼亚人的历史作品也很受欢迎。“谁还记得亚美尼亚人？”希特勒曾经问他的心腹们，让他们确信历史最终也会忽略纳粹的大屠杀行为，但是，隔离区的居民们记住了亚美尼亚人。

对于读者“大众”来说，“让他们满足的是阅读可以使他们逃避现实……有人通过娱乐来麻醉自己，有人通过理解和领会来达到同样的目的。”这两种冲动，克鲁克后来承认，最终都只是一种“逃避的方式”。他的结论理性而凄凉：“图书的供应就是这样，我们也只能从这些剩菜剩饭中汲取营养了；现在和将来都不会再有新的东西增加……书籍破损不堪，全套的正在变得不全……不久，这座图书馆只会剩下空空的书架。”1943年9月，犹太人隔离区遭遇最终清洗的前几周，克鲁克被遣送到爱沙尼亚，一年以后，在克鲁加集中营，他被烧死了。

在20世纪，遭到摧毁的图书馆的名单很长。摧毁一座图书馆是一种最 179

残酷的表达观念的方式，一座保存完整的图书馆同样可以作为压迫和屠杀的工具，因为它们可以为神秘自负的民族主义及其对种族纯洁的向往提供炮弹。正如理查德·怀特在其充满痛苦的自传《黑小子》（*Black Boy*）的最高潮部分所描述的那样，在种族歧视盛行的南方，图书馆不仅将一些书列为禁书，而且它们还支持一种观点，那就是有些人是不应该读书的。如果一座新的图书馆为进步和改革提供了期望，那么要留住这些期望不知道要承受多少难以想象的痛楚？

180 根据怀特所说，第一次对图书产生兴趣，是在他十七岁的时候，当时他正在工厂做工，看到一份报纸的社论在批评曼肯的一本书。因为对南方存在的压迫境况深有体会，如果南方的报纸不喜欢曼肯所写的东西，他确信那一定是值得看的。他想读曼肯的书，但是图书馆并不对黑人开放，怀特知道，19 世纪的图书馆员们所做的发展规划之中并没有他的位置。

或许总会有一个办法。在过去，他曾经被允许进入图书馆，为他的白人雇主取书；现在，怀特需要有一个人允许他借口说是为他来取书的，但是，实际上是怀特自己要看。这样做一定要小心，因为如果找错了人，就可能意味着这一切将以暴力收场。最后，他决定去找福克先生，他是一位天主教徒，怀特注意到南方新教徒对天主教徒的偏见令福克深怀不满。虽然有点儿不情愿，但是这个人还是同意了：怀特可以用他的卡并以他的名义来填写索书单——但是，如果被抓到了，怀特要承担全部的责任。

怀特描述了他在图书馆里的遭遇，让我们明白他生活在一个警察的国度，在这里，白人都拥有特权，即使在那些看起来无关紧要的事情上，如在图书馆订阅图书也可以变得像审问一样。第一次带着借来的图书卡去图书馆借书的经历是折磨人的，尽管此前他曾经多次进出图书馆“为白人做事”，怀特现在仍然担心他会“不小心说错话从而暴露”了自己。

在借书台前，他摘下了帽子，排着队，等着白人们办完手续，同时努力装出一副“不会读书”的样子。图书馆员终于注意到了他，没有说话，他把福克的图书卡和自己伪造的索书单递给她，上面列着两本曼肯的书。
一开始，这位图书馆员有些怀疑。怀特提醒她：他以前也曾经来图书馆为 181
福克先生做过事，但是她还是有点儿不相信，询问他实际上是不是自己想看这两本书。“噢，不，女士，”怀特回答，“我不识字。”

她转过身去取书，嘴里嘟囔着曼肯的名字。“我知道我赢了”，怀特回忆道，“她开始去想其他的事情，种族的问题已经离开了她的脑海……最后，她手里拿着两本书回来了。”怀特安全地穿越了边界，那一天，他带着那两本书——曼肯的《前奏之作》（*A Book of Prefaces*）与《偏见》（*Prejudices*），离开了图书馆。

怀特把图书卡作为进入图书世界的签证。如他所说，一开始，打动他的纯粹是表述的力量本身——不是文字，是人们应该有勇气彻底倾诉的可能性。最后，是小说使属于他自己的感知开始浮现和成长，这些小说，让怀特在其中发现了重新认识世界的方式。从辛克莱·刘易斯那里，他明白他的老板跟埃尔莫·甘德里一样；跟德莱塞一起，他重新体验了他的母亲所经历的苦难，那是他此前无法面对的。“我几乎无法告诉任何人我从这些小说中都得到了什么，因为它无异于对生活本身的感知。”

但是，这对于怀特来说是危险的，因为他身上越来越重的书生气引起了白人的怀疑，那些在工作中耀武扬威的白人：

> “小子，你读那些书干什么？”
> “噢，我也不知道，老爷。”
> “你读的那些都是很深奥的东西，小子。”
> “我就是想消磨时间，老爷。”
> “你要是不小心一点儿的话，你的脑子会坏掉的。”

182 怀特担心他新近培养出来的感知可能会随时自己显现出来，诱使一个白人出面干涉，从而中止它的进一步发育。因此，他谨言慎行，以便掩饰所有他新近掌握的知识的痕迹。

毫无疑问，怀特在图书馆得到的待遇在他那个时代是典型的。美国南北黑人在公共图书馆中都会遭遇到屈辱、误解和彻头彻尾的敌意。“在北部各州，”1910年，亚瑟·伯斯威克写道，“理论上没有歧视……尽管如此，北方的黑人并没有像人们设想的那样利用图书馆……无论这句话合理与否，他们好像本能地感觉自己并不需要图书馆。”

根据伊丽莎·阿特金斯·格里森1941年的研究报告《南方黑人与公共图书馆》（*The Southern Negro and the Public Library*）：直到20世纪早期，在南方，都没有为黑人服务的公共图书馆。黑人学院所属的图书馆资源通常也对当地社区开放，他们还经常为图书馆员们提供有关公共图书馆服务方面的培训。即使在那些图书馆密布的州，面向黑人的公共服务也几乎是不存在的。例如，1936年，佐治亚州有五十三座图书馆，其中只有五座对黑人开放；在佛罗里达，四十四座公共图书馆中，黑人只能使用其中的四座；同一年，阿肯色州的十九座公共图书馆中只有一座是对黑人开放的。同样的模式几乎体现在所有南方各州：亚拉巴马州十八座中有两座，肯塔基州六十四座中有十四座，路易斯安那州十六座中有三座，密西西比州二十二座中有两座。西弗吉尼亚州有些特殊，因为就在这个时候，州法律规定，所有接受公共资金资助的图书馆都要对黑人全面开放，但是，研究中并没有提及具体情形怎么样。只有在德克萨斯州，向黑人开放的公共图书馆占所有公共图书馆的百分比超过了黑人人口所占的百分比，在大多数地方，反差是惊人的：例如在密西西比州，黑人占总人口的百分之五十点
183 二四，但是，只有百分之八点一一的州图书馆向黑人开放。

当然，非裔美国人并非总是需要伪造索书单来借书。在南方，历史上

黑人学院拥有图书馆；在美国内战时期的北方，自由民组建了文化社团和会员制图书馆，与文明的白人社区类似，通过它们，整个社区的人们都有了借书的渠道。正如历史学家伊丽莎白·麦克亨利所揭示的那样，这些社区图书馆独立于白人废奴主义者的家长式庇护而发展繁荣起来，为19世纪非裔美国人族群意识的逐渐增强做出了贡献。

具有讽刺意味的是，在南方，第一座面向黑人开放的公共图书馆就在怀特所在的城市孟菲斯。格里森写道：在1903年，“田纳西州的孟菲斯市考斯特图书馆与黑人学校勒莫尼学院达成了一个协议，由学院来装修房间，由考斯特提供图书馆员和书籍，虽然是一座学校图书馆，但是，这里的藏书对所有孟菲斯及其周围地区有兴趣的黑人们开放。”

萨拉热窝市政厅，位于米亚卡河岸，1896年建成，是摩尔文化复兴时期的经典建筑，被人们称作维耶尼卡（Vijećnica）。“它是壮观的砖石结构与奢华的建筑风格的结合，”科特·肖克在《纽约时报》上写道，“抓住了战后那座城市的风格。”1914年，斐迪南大公和他的妻子索菲亚在维耶尼卡启动了汽车，也启动了一次决定他们命运的旅程：几分钟之后，加夫里若·普林西普从人群中冲出来，朝他们开枪，从而点燃了第一次世界大战的战火。但是，在南斯拉夫时代，这个建筑的重要性在于其战后的一项使命——收藏波斯尼亚国家和大学图书馆（Bosnian National and University Library）的一百五十万册图书。 184

1992年8月25日夜晚十点三十分左右，塞尔维亚民族主义者拉特科·姆拉迪奇将军的部队在特莱贝维克山高地的萨拉热窝—培尔路北朝河对岸的波斯尼亚国家和大学图书馆开火。维耶尼卡街区的居民们报告说，那一天，对城市地毯式的夜间轰炸突然把炮火集中在了图书馆。一系列的爆炸撼动了整座城市，燃烧弹的碎片穿过图书馆的屋顶落下，点燃了里面的书籍。

很多萨拉热窝人冲到图书馆，极力地从越烧越猛的大火中抢救书籍，并引导幸存者们离开那座建筑。一位名叫阿依达·布特维克的员工死于火中。当时，在燃烧的建筑物里面拍摄的影片记录了宽敞的大礼堂中地狱般熊熊燃烧的烈火，空中弥漫着烟尘以及雪片一般飘扬着的烧焦的纸片。消防员们赶到了，但是他们遭遇到了袭击，山上的士兵们开始发射防空火炮和机关枪，这些对于建筑本身没有造成多大损坏，可是将水管和消防员们冲得四分五裂。整个夜晚，在塞尔维亚民族主义者逐渐微弱的炮火之下，波斯尼亚士兵们努力从图书馆中抢运图书。接下来，抢救行动持续了几天。 一位消防队的指挥官事后回忆，他看到图书馆上空漫天飞舞的书籍；旁观者们描述了图书馆大火产生的灰烬和纸张怎样散落在他们的庭院之中。一位萨拉热窝人告诉记者科特·肖克："即使着了火，那座建筑也非常美。"波斯尼亚诗人戈兰·西米奇收集了几片飘落的烧焦的纸片；他后来写了一首诗"追忆维耶尼卡"(Lament for Vijećnica)，表达了图书馆遭到毁灭的悲剧性和其中蕴涵的荒谬，"摆脱了书架的束缚，"他写道，"(书中的)
185 人物角色们在大街上漫游，与行人和死去士兵的灵魂纠缠在一起。"

尼古拉·科列维奇曾经是一位学者，在塞尔维亚民族主义政府中一层层向上爬，最终脱颖而出。他的经历讲述了导致图书馆被毁的错综复杂的动机和怨恨。战前，科列维奇是一位著名的莎士比亚研究权威，与此同时，他还写作诗歌和评论，是萨拉热窝这个国际大都市的背景让他茁壮成长。1997年3月，《曼彻斯特卫报》刊登了记者杰妮·迪吉奥瓦尼所写的一篇文章，文章描述了科列维奇如何从一位学者变成了一个塞尔维亚民族主义者，并一跃成为波黑塞族共和国的副总统，像"伊阿古对奥瑟罗一样"，在卡拉季奇的耳边絮语，出谋划策。

尼古拉并非是萨拉热窝唯一著名的科列维奇家族成员。他的兄弟斯维托扎尔，是美国文学方面的权威，深受学生们的爱戴，比尼古拉更有名望，而且，他的妻子是一位波斯尼亚族的穆斯林，他更倾向于南斯拉夫知识分子的那种多元文化的生活方式。1970年代末，尼古拉的儿子死于一场滑雪事故，使他陷入无比沮丧的情绪之中，并导致他转向了塞尔维亚民族主义和东正教的神秘主义。他成为塞族民族主义者领导人拉多万·卡拉季奇的早期信徒，凭借优雅的风度和流利的英语，他成为这项事业的一位重要的发言人，并很快获得了权力。1992年，他与卡拉季奇一起逃到附近的度假小镇培尔，建立了波黑塞族共和国的首都。尼古拉·科列维奇下令包围萨拉热窝，对于他来说，维耶尼卡凝聚了他对这个城市所有的仇恨：它涵盖了这座城市多元化的历史，呈现着奥斯曼帝国的遗风。高墙内的学术人生欣欣向荣，吸引了斯维托扎尔，却疏离了尼古拉。根据迪吉奥瓦尼的说法，最后是尼古拉——一位曾经的学者，曾经频繁地进出波斯尼亚国家 186
和大学图书馆——签署命令，直接下令拉特科·姆拉迪奇炮击维耶尼卡并摧毁了这座图书馆。

尼古拉·科列维奇自杀之后的大约六个星期，迪吉奥瓦尼发表了她的文章，这位前任副总统的自杀有他的原因：被彻底地排除在政治权力圈子之外；为代顿协议而感到耻辱，这项协议终止了战争，同时也终止了民族主义者建立波黑塞族共和国的梦想；他正在等待接受战争罪的起诉。科列维奇的熟人和同事们的生活也被他所执行的政策搞得四分五裂，根据迪吉奥瓦尼的采访所得，他们认为，摧毁了那座图书馆一定也是他自杀的原因之一。其中的一位熟人，一位在萨拉热窝遭遇的长期围困期间被迫以自己的图书作为燃料的学者，告诉迪吉奥瓦尼，科列维奇曾经写过一篇关于麦克白的文章，其中写道：“在试图超越自己的过程中，麦克白彻底地毁灭了自己。”尼古拉注意到了这一点，那位学者停下来思考着，“那句话，”他继续说，“可以作为一份完美的墓志铭镌刻在尼古拉的墓碑之上。”

维耶尼卡并非是唯一一座遭到塞尔维亚人袭击的图书馆，它的毁灭也并非是那场反对波斯尼亚文字文化运动中所发生的唯一事件在之前的。三个月，塞尔维亚民族主义者用燃烧弹袭击了东方研究院，根据图书馆员、学者和活动家安德拉斯·里德梅尔的描述：那场损失包括五千二百六十三部装订完好的阿拉伯语、波斯语、希伯来语和艾德扎米斯基语（adzamijski，以阿拉伯文字书写的波斯尼亚斯拉夫语）原稿；七千部奥斯曼时期的文档；五个世纪的波斯尼亚历史的第一手资料；19世纪户籍登记资料集锦；还有其他二十万部奥斯曼帝国时期的文件。位于黑塞哥维那的波斯尼亚国家博物馆和国家档案馆也遭到了炮击，其他还有莫斯塔大学图书馆、黑塞哥维那博物
187 馆、莫斯塔的罗马天主教教区图书馆（损失了五万册图书），根据里德梅尔的记录，在克罗地亚、波斯尼亚、黑塞哥维那，更多发生在最近的科索沃，有几百个图书馆、博物馆和珍贵建筑遭到破坏，波斯尼亚国家和大学图书馆或许是其中损失最大的：其一百五十万册藏书中的大部分，其中包括十五万珍稀善本被毁。里德梅尔的同事，多国重建波斯尼亚图书馆收藏的项目协调员——杰弗里·斯普尔将它称为“绝对意义上来说，或许是历史上蓄意焚毁图书的一个最糟糕的事例”。斯普尔指出：这座图书馆，“珍藏了几代人的努力”。那里的著作表明，无论塞尔维亚民族主义者以及西方评论家们怎么说，“多宗教的波斯尼亚在奥斯曼帝国统治的几个世纪里欣欣向荣，之后又相继经历了奥地利人和南斯拉夫政权的统治，它的人民，无论出自什么文化背景，不但可以相安无事，而且会相互扶持。”这一点，才是民族主义者的炮火攻击的目标。

对于里德梅尔来说，民族主义者的动机再明确不过了，“在整个波斯尼亚，”他写道，“图书馆、档案馆、博物馆和文化机构都被当做摧毁的目标，目的就是要从物质层面来抹煞那些证据——那些书籍、文件和艺术品等，那是可以用来提醒后代子孙，拥有不同种族和宗教传统的人民曾经享有同一个文化遗产的证据……”里德梅尔所写的《共存》（*convivencia*）很有说服力，

其中关于西班牙摩尔文化的观点非常有启发性，他认为，在那一文化背景之下，穆斯林、犹太人和基督徒都曾经为一个更为伟大的文明做出了贡献；里德梅尔还主张，类似的观念，在奥斯曼帝国时代，曾经赋予巴尔干文化及其知识生活十分鲜活的生命力。但是，1992年8月，包围了萨拉热窝的塞尔维亚民族主义者们却无法容忍这一与他们种族纯洁的理想直接对立的观念。“有 188
些诡异的是，”里德梅尔写道，“这里面的悖论——向往‘民族纯净’的人们显示出理解文化和宗教元素的热忱，因为这可以帮助他们挑选打击的目标。”他们摧毁波斯尼亚图书馆的努力残酷而具有讽刺性，因为他证实了长期以来存在于西方世界的一个偏见，这种偏见认为巴尔干半岛上的人们彼此仇视，尽管一直无迹可循。与这种偏见相矛盾的证据——这一地区千百年来繁荣昌盛的文化知识所结下的富饶多样的果实，正在被摧毁的时候，西方的维和人员、救助工作者以及官僚们仍然没能预见到文化的摧毁正是种族屠杀的前兆。

安德拉斯·里德梅尔还是一个孩子的时候，与家人一起离开了匈牙利。他现在是一位图书馆员和历史学家，主要从事南欧伊斯兰教方面的研究。他位于哈佛艺术图书馆的办公室安静而明亮，满是书籍、活页夹以及塞得满满的文件匣。在这个办公室里，里德梅尔和杰弗里·斯普尔共同管理着图书馆的伊斯兰艺术教程，指导一系列致力于保护巴尔干文明的项目，并努力将那些试图摧毁它的人们绳之以法。他的文件里面存有关于战争罪行的证据：照片、目击者的陈述、现场笔记以及记载了从波斯尼亚到科索沃遭到毁灭的文化古迹的情况报告。在一个柜子上面放着几个有盖子的盘子，里面满载着证据——安德拉斯保存的烧剩下的书籍。我第一次到访其办公室的时候，感觉安德拉斯是一位管理着被烧书籍的图书馆员。

就像从赫尔库仑尼尔姆*的一处庄园所发现的古本残片一样，这些碎片为其来源提供了部分证据：在一些碎片上，文字依稀可见，它们的颜色

---

* 因维苏威火山大喷发而埋没的古城。——译者注

189 比灰白的纸张更深。焚烧过的大部头图书的扇形边缘，让我们可以依稀看出它此前精致明晰的书边。“这证明书籍真的很难烧”，安德拉斯微笑着对我说，印证了纳粹上台时，惊恐万分的德国图书拥有者们的“痛楚”经历。他给我看了一些照片，是在遭到毁坏的科索沃清真寺里面拍摄的：齐腰高的烧焦的书籍堆在角落里，在那里，它们曾经被淋上汽油，然后被点燃了。但是，“书中的每页纸紧紧地压在一起，里面因为缺少氧气，因此火烧不进去”，安德拉斯提醒我：“袭击者们没有意识到这一点。”这些照片上的很多书都无法修复，但是保留了它们原来的轮廓，部分文字在模糊中依稀可见。还有一些虽然遭到了损坏，却可以在整理修复之后，再次供人阅读。

作为重建民族收藏的第一步，波斯尼亚手抄本收集整理项目旨在通过搜索全世界的图书馆，寻找在波斯尼亚战争中失散的相关资料，同时，由多家大学图书馆联合建立的波斯尼亚文献资料数据库，负责编辑整理失散的波斯尼亚文献资料。就在同一时间，里德梅尔也在建设一个数据库来记录巴尔干的图书馆和文化古迹遭到摧毁的情形，作为将来对战争罪行进行审判的证据。最近，他刚去过海牙，为审判前塞尔维亚总统斯洛博丹·米洛舍维奇的战争罪行作证。

2001年，一个夏天的午后，在咖啡馆里，安德拉斯给我讲述了另外一种焚烧图书的缘由，是经历了萨拉热窝之围的一位幸存的同行告诉他的：在冬天，这位学者和他的妻子把烧火的木材都用完了，于是开始烧书来做饭和取暖。“迫使一个人不得不左思右想，”安德拉斯记得他的朋友这样说道，“必须要分清先后顺序。首先，烧那些老的大学课本，那些你三十年都没有再读过的
190 东西；其次，是副本；但是最后，你被迫要做出更艰难的选择——今天烧哪一个？陀斯妥也夫斯基还是普鲁斯特？”我问安德拉斯：战争结束时，他的朋友有没有书留下来？“噢，是的”。他回答道，脸上洋溢着微笑：“他还有很多书。
191 他告诉我，有时候，你看着那些书，就会情不自禁地感到一种饥渴。”

七、沉浸在书海之中

从前，一个小男孩顺着梯子向上爬，通过窗户向外张望，外面是开罗城郊外那一望无际的沙漠。他向上看，在这个梯子的顶端，墙上有一个小小的洞。他向下看，自己手中紧攥着的纸张已经成了浸着汗水的一团。它们是一本练习簿里的纸张，一些随便记下的笔记和文字，都是作废了的；他的任务就是爬上高高的梯子，把手里的纸张从那个小洞扔下去。

最后，他气喘吁吁地到了阶梯的顶端，有些发抖，他盯着那个洞，黑黑的、好像是一个张开着的大嘴巴。这是“书冢”(Geniza)、书籍及其他含文字的东西的坟墓——每一页纸，拉比*告诉他，都可能包含着神的名字。这里就是书籍死后的置身之所。他的脸因为紧张而绷紧了，男孩极力咽下心中突然升起的恐惧，把纸团塞进洞里，然后用力让他们落下去，最后用一只手指很快地把洞口周围的纸张都戳下去。那些纸张不见了，随着轻微的窸窣声落在了下面的某个地方。男孩沿着吱嘎作响的梯子回到了坚实的地面上，远 192
离了空中墓园，再次回到完好的祈祷书和崭新、空白的纸莎草纸之中。

书冢，这个词在希伯来语中的意思是“容器”；在犹太教传统中，它指一种书籍的坟墓，在犹太教堂中存放各种损坏不用的文字材料的地方。

---

* 犹太人对师长和有学识者的尊称。——译者注

所有破碎的纸张——无论是圣诗还是哈加达（Haggadahs）[*]，或者儿童习字本——都被收集起来放在书冢中妥善地保管起来，直到被体面地埋葬。伟大的犹太教学者所罗门·谢克特这样描述：“当精神离开了，我们把躯体隐藏起来以免遭到破坏。同样的道理，当文本破损了，我们把它们保存起来以免遭到亵渎。文本的内容会像灵魂一样升到天堂。”

敬重里面的文字对于诵读那本书的人们来说很平常。《可兰经》与《托拉》（Torah）[**]一样，是那么的神圣，不应该被扔掉；安拉的书是他品格的一部分。靠近巴基斯坦奎达的赤尔坦山山脚下环绕着一些洞穴，里面有五万本被埋葬的《可兰经》，像死者一样，用白布包裹起来。对于整个亚洲的穆斯林来说，这座山是一个圣地；很多洞穴被当作祈祷室，虔诚的人们在白布包裹的堆放起来的纸张之间小心翼翼地走动。据说，死后埋葬在这座山附近的人们——这座山通常也被称作“神圣的可兰山”——他们所犯的罪行将得到宽恕。

这种伊斯兰教的做法早已有之。1972年，修复也门萨那大清真寺的工人们发现了一大堆已经腐蚀了的手稿，他们把这些手稿塞进麻袋中，放在一边。在这些破损的纸张中，学者们后来发现了伊斯兰教诞生之后最初两百年间的《可兰经》文本。有趣的是，它与今天所使用的标准版本不尽相
193 同，为研究伊斯兰教经典的版本历史提供了诱人的线索。

犹太人的书冢，并没有只把一本书，而是把所有书写的文字都看作是神圣的，因此，遭到抛弃和遗忘的书冢长期以来就是犹太手稿文物的重要来源。位于开罗犹太教堂的书冢保存的时间尤其长久：地处偏僻，只有攀爬阶梯才能进入，从公元9世纪到19世纪，那里面的书籍、信件和杂七杂八的纸张堆叠、黏合在一起，腐蚀和朽坏了一千年。

---

* 《塔木德》中供讲解用的传奇轶事或寓言。——译者注

** 犹太教的律法书。——译者注

1890年，这座犹太教堂得到修缮，大量材料从书冢中进入市场，在那里，他们落入了贪婪的欧洲旅行者们的手中。1896年，两位苏格兰妇女，艾格尼丝·刘易斯·史密斯和玛格丽特·邓禄普·吉布森在开罗旅行的时候，买到了一些零散的手稿，回到英格兰以后，她们把两张希伯来文的残片送给了当时的剑桥大学教授所罗门·谢克特（Solomoa Schechter），后者发现其中一张残片属于《便西拉智训》（*Book of Ben Sira/Ecclesiasticus*），在此之前，人们只知道这本书有希腊文版本，它写于公元前200年，原始的希伯来文版本已经消失了一千年。

受到这个发现的刺激，谢克特去了开罗，在那里，他得到了许可，可以从书冢中拿走任何他感兴趣的东西。谢克特关于当时书冢情形的描述生动具体，值得我在此大篇幅地引述：

> 除非亲眼所见，一个人很难想象出那种混乱……那是书籍的战场，很多世纪的文化产品都参与了争战，它们的部队遍布在各个区域。其中，部分参战的勇士很明显已经阵亡了，也就是说在这场激烈的空间争夺战中被碾压成了尘土；其他的，则好像遭遇了挤压，被挤压成了一个巨大的、不成形状的物体，即使用化学的方法，也无法在不损坏它们的前提下把它们 194
> 分开。

震惊于它的壮观和腐坏程度，谢克特决定把选取的重点放在手稿上，弃置了约四百年间留存下来的印刷品。谢克特现在应该为那个选择感到后悔，从谢克特所处的那个时代以来，人们对于犹太印刷文物的兴趣变得越来越大。不管怎么说，谢克特的收获是巨大的：一共大约有十万个残片，其中包括《圣经》文本、符咒、野史、模拟圣经的作品、《密西拿》

(*Mishna*)、迈蒙尼德*和其他人写的《塔木德》(*Talmud*)**、赞美诗、信件、账单、名单、护身符、日历、编目、儿童练习和儿童读物、词典、照明物品、饰物、犹太教神秘哲学教义、医学文献、名字、论证法、诗歌、词汇、阿拉伯儿童作品、阿拉伯语法、历史、科学文献和阿拉伯的犹太文物。

自从谢克特第一次描述了开罗书冢的内部情况以来，其中的文献逐渐散布到大西洋两岸，大部分保存于纽约的犹太神学院和剑桥大学，但是，戈伊坦的学术研究把它们重新聚合在一起，其六卷本的著作《一个地中海的社会》(*A Mediterranean Society*)，出色地描绘了中古时期犹太人的生活画面，揭示了犹太—伊斯兰世界中经济、政治、民族、知识和个人之间的联系。

可以说书冢是一座图书馆吗？从严格的意义上来说，当然不是，图书馆是开放的，而书冢在很多世纪里都是不开放的；图书馆的书都是经过选择和确认的，被认为是值得保存的，在这方面，书冢是图书馆的对立面，它的内容都是遭到废弃的，是没有用而要被扔掉的东西。但是，从一个更为本质和广泛的意义上来说，书冢是一个图书馆——因为图书馆为未来收
195 集和储存图书，这个书冢确实做到了；就收集和保存那些独一无二的文化制品来说，它在全世界的图书馆中是无与伦比的。可以说书冢在保存文献方面比图书馆做得更好，疏忽大意和放任它的流失毫无疑问损害了很多断简残篇；但是，在长期的隔离禁锢中，文献却保存得比哪怕是最为保守的图书馆还要好；在图书馆里，它们被转手、移动、丢失、袭击、盗窃；更为有趣的是这样一个事实：正是因为当年被认为是毫无价值的东西，才使它们今天成为了我们的无价之宝。与任何一家经过审查和授权的图书馆相比，它们从其所处的时代传递给我们的信息要更加全面和充分。正是因为被弃置的遭遇，因为它们的默默无闻——上面提到的谢克特强行唤醒了它

---

* 出生于西班牙的犹太哲学家、科学家及神学家。——译者注

** 讲解犹太教律法的作品。——译者注

们，同时也唤醒了乔纳森·斯威夫特关于“书的战争”的比喻——使它们成为如此强有力的一个见证，见证了那些时代的人们的美丽，要不然的话，他们可能早就被遗忘了。

书冢中没有用来砍削思想意识或其他事物的巨斧，这是它与图书馆最不同的地方，尽管图书馆宣称它在政治上是中立的、透明的，好像没有任何根基；尽管它容纳那些已经埋在地下的王子、慈善家以及学者们的常常相互矛盾和冲突激荡的情绪；然而，实际上，亚历山大却立志于让他的图书馆在那个文化之都垄断书籍市场；杜威希望他的图书馆在高效运行的同时，也在读者们的生活中提倡高效的概念。不同于这些图书馆，不同于它们有条件的、有思想倾向以及富于争议的特性，书冢只是一堆被废弃的东西，无惧于它自身收藏中的矛盾和冲突。

开罗书冢的阶梯坍塌之后，又过去了几个世纪，在威斯康星州的一个农舍里，在那间有着护墙板的、沐浴着阳光的门厅里，铺着桌布的桌子上放着一本书。在一个类似于古罗马壁龛的移动书柜里，整齐地摆放着大约二十册图书，书柜的两个小门敞开着，让我们看到里面有两层书架。一个小 196
橱柜里的二十本书，就是它的全部，阿瑟·博斯维克在《美国公共图书馆》（*American Public Library*）中重现了这个情景，让人感觉即使只是几本图书放在一起，也可以弥漫出一种图书馆的氛围，这些书就是世纪之交的图书馆员们称为“家庭图书馆”的一个范例。这种“家庭图书馆”，不是指私人拥有的图书馆，而是指这样一种图书传播形式：聚集起一组书，然后把它们发放给乡下的读者们。早期图书流动的方式是图书馆员们架着双轮马车，载着家庭图书馆，在威斯康星的乡下走乡串镇。它很朴素，也很平凡，在一幅不太清楚的肖像画的下面，左右放着两把简单的黑色椅子。然而，在那书橱上，仍然有着一点亚历山大的味道——一丝梵蒂冈、巴黎大学、圆形阅览室的风范，以及波士顿公共图书馆的大理石的壮观气派。规整的家庭图书馆好像为这间农舍小屋增添了光彩，井井有条的小书柜，像一幅可以折合的双联画，又像是一座神龛，使这个小屋洋溢着书籍的光辉。

博斯维克介绍了两种家庭图书馆：除了在乡下读者间流通的收藏之外，还有一种在市区，主要针对的是移民家庭的小孩子们。在城市里，博斯维克说，一位图书馆员或者志愿者带着这些书走进社区邻里，找到一位她可以信任的小孩子，把书借给她，希望这个小孩子不但自己阅读，还跟家人和朋友们共享。过了一个星期左右，这位图书馆员会过来收回那些图书，与孩子们讨论它们，再把其他的图书借给他们。

197 将图书馆的服务延伸到居民区是20世纪的成果，旨在进一步实现19世纪的目标：让没有受过教育的大众也融入到读者群中，将他们引到正确的阅读轨道上：从探险故事和游记到地理、历史和贸易。人们期望，令人愉悦的家庭图书馆可以吸引小读者们走进当地的儿童之家，在那里，他们将接受有关社会价值方面的教诲。

但是，在某些情况下，这些移民家庭的孩子们阅读了由图书馆提供的图书之后，开始利用所学到的东西来塑造一个新的世界，一个属于他们自己的崭新的美国。对于他们来说，19世纪图书馆员们所轻视的消遣式阅读——特别是阅读小说，现在，成为了图书馆的真正工作。在玛丽·安廷和艾尔弗雷德·卡津的著作中，图书馆的作用十分突出。他们的家庭都是20世纪初从俄罗斯的培尔定居区（Pale of Settlement）* 移民而来的。两位作家在继承和颠覆前辈理想的双重前提之下，重新塑造了图书馆的形象。

在公共图书馆里所获得的主人翁意识，对安廷来说，最好地代表了新社会所赋予她的权利。在其扣人心弦的回忆录《希望之乡》（*The Promised Land*）中，她把波士顿公共图书馆称为“我最喜爱的宫殿之一”。她看到人

* 沙皇唯一允许俄罗斯的犹太人居住的地方。——译者注

TRAVELING LIBRARY IN A FARMER'S HOME IN WISCONSIN.

家族图书馆，选自博斯维克《美国公共图书馆》

们蜂拥涌入图书馆：“孩子们在入口停止了吵闹，……拍拍台阶上的巨大的
石狮子”；她看到“戴着眼镜的学者们……拿着书”，他们完全没有意识到
自己的脚步声所引发的回响；还有游客们，他们“在入口大厅徘徊流连，研
究那些题词和标识……所有这些急不可耐的孩子们、所有这些装束精致的妇
女们、所有这些即将回家写作学术著作的学者们——我跟他们同时享有这个
无与伦比的事物，这个珍贵高尚的知识殿堂。这是我的，这样说令人感到十
198 分美妙；这是我们的，这样说令人感到兴奋异常”。在贝茨厅（Bates Hall）
“大阅览室”的一角，安廷感到“这个高耸的穹顶之下的宏大空间使我拥有
了自我的归属感”。对于安廷来说，这个图书馆并不仅仅是一座空洞的文明
储藏库，它包含了一个新的家庭应该拥有的所有能量，这是一个她有权利毫
无保留地、无怨无悔地——充满感恩地紧紧拥抱的所在。“在我的成长经历
中，直到十多岁时，还没有读过一本书，这样的我，现在却可以置身于古往
今来所有的图书之中，不能不说，这是最伟大的奇迹之一。”

吸引并吸纳读者是公共图书馆的目标之一，但是像安廷这样急切地获
取了主人翁的地位并投入其中，却超出了图书馆先驱者们的想象。（它确实
超出了杜威的想象，这个老顽固，将他的反犹太主义倾向深藏于理性的行
政管理能力之下，阻止犹太人前往他在纽约州北部兴建的避暑胜地。）对于
199 19世纪图书馆的领导者们来说，图书馆是一座生产高效率读者的发动机和
工厂，这些读者蔑视文学的俗丽和无聊，只阅读有用的东西，并利用书籍
来促进他们自己和社会的进步。这种实用主义的观念与前辈们的理想相去
甚远，对前辈们来说，图书馆是一个装满珍宝的小屋，一个充满神奇的阁
楼，缪斯女神的鸡笼。改革主义者认为，图书馆应该是进步的、目标明确
的并且应该面向普罗大众。民众离开图书馆的时候，应该就做好准备去寻
找工作、节俭度日和保持清醒。自由或者个人启蒙最多只是次要的目标。
但是，图书馆——尤其是拥有无数藏书的大型公共图书馆，提供了比慈善

BATES HALL (READING ROOM), BOSTON PUBLIC LIBRARY.

玛丽·安廷所熟悉的波士顿公共图书馆的贝茨厅。选自博斯维克《美国公共图书馆》。

200 家和管理者们的理想更多的可能性。

与安廷一样，对于公共图书馆的奠基者们希望人们利用图书来达到的实际目标，艾尔弗雷德·卡津同样幸运地一无所知。当时正值大萧条时期，卡津把自己塑造成纽约公共图书馆的沙沙翻书声中的一个知识分子。“大约有五年时间”，他在《纽约犹太人》中写道：

> 我做我的工作……在那个开放的大阅览室，纽约公共图书馆三一五号房间，我经常整天阅读……年复一年，对我来说，好像没有什么比白天和晚上坐在其中一张金色书桌的后面，了解我的课题的方方面面更愉快的事情了。无论何时，只要我有时间阅读，这座伟大的图书馆就有空间接纳我。

在接下来的段落中，卡津做了一个比喻：把图书馆比作美国，他眼中的梦想家和实干家的美国。在三一五号房间，他邂逅了（通过他们的书和文章）出版商、新闻从业者和作家们，是他们在动荡多舛的19世纪构筑出了现代主义，他们那鲜活的身影从他的身旁经过，好像移动着的人群。尤金·德布兹、马克斯·伊斯特曼、厄普顿·辛克莱、曼肯、埃德蒙·威尔逊、西奥多·德莱塞、艾伦·泰特，还有那些沿街叫卖的小人物和芝加哥的夜猫子们——他们是突然涌现出的一群——手插在裤兜里，帽檐拉得很低，卡津游走在他们中间，好像一个精神上的漫游者。

卡津有些懒散，但是这家图书馆并不介意。“我是一位个体研究员，完全独立的自由撰稿者，偶尔在夜校当老师，通过写作来使自己领悟现代美国的精神……”这就是他，一位最大程度上自我满足的美国读者：

201 国的精神……”这就是他，一位最大程度上自我满足的美国读者：

> 问询台后的工作人员中，没有人问我为什么要看那些发黄

> 的、破损的、正在急速褪色的、关于早期芝加哥暴乱以及1897年的旧金山出版社的材料。没有人建议我应该看一些更实际的东西，而不是读什么1912年出版的《诗歌》（*Poetry*）第一期、1914年出版的《新共和》（*The New Republic*）以及西奥多·罗斯福时代的专门揭发政界丑闻的《科利尔周刊》（*Collier's*）。

还有其他被淹没于美国现代文化激流中的众多信息。卡津沉醉于研究型图书馆的梦想，这种梦想类似于一位一穷二白的人幻想着白手起家，是两个伟大的个体之间的互动与互助。与大多数读者们一样，卡津相信他想要的东西就掩藏在这里的某个地方，被遗忘和抛弃了——这个图书馆也可以算是一个书冢，只有最坚持不懈的学者才能领略到它的奥秘。当然，有人拿过这些发黄褪色的材料；当然，有人给它们编了目；当然，有人把它们从书架上拿下来，当读者们读完之后再把它们放回去。但是，在图书馆里面，所有这些人都躲藏在帘幕之后，图书馆成为一个镶满镜子的舞台，镜子里面反射出来的是读者们，有关书籍的部分则模糊不清。

一个世纪以前，图书馆将书籍作为值得敬畏的物件来展示。20世纪早期的新型图书馆则把书藏起来，只能通过工作人员运用最新的科技手段——电话、传送带、升降梯进行租借。1911年5月27日的《科学美国人》（*Scientific American*）杂志的封面是彼时刚刚开放的纽约公共图书馆的楼层剖面图。这张图描画了清一色的男员工在楼面地板上的书架之间忙碌着，通过一个用杠杆和图书升降梯组成的复杂的网络系统将图书传送到递 202
送间。通过递送间的窗户可以看到正在愉快地阅览图书的读者们，对于将阅读材料送到他们手中的机械装置一无所知。

但是，尽管新纽约图书馆大楼的机械装置十分复杂，《科学美国人》文章的作者却对于图书馆在应对人群方面的效率印象深刻。“向所有阶层的读者们提供图书的必要性，”他写道，“致使图书馆的建筑计划和运行系统明智地按照读者的分布而不是读者阅读的图书来设计。”作者强调“读者的阶层”，反映了19世纪公共图书馆运动先驱者们的关注焦点。在总结时，他注意到建筑师们把这个图书馆设计成“不仅其本身是一个艺术品，与西半球最大城市的称号相称的标志，而且，我们可以说，很自然地把成千上万的读者们，渴望阅读图书的读者们分入他们所属的各个知识阶层”。

像卡津这样的读者们，对于这样讲求效率的行政部门的意旨一无所知，他们只是按照适合他们自己以及他们所阅读的书籍的方式行事。“在我注意到芝加哥的几年以前，”卡津写道，“我领会了中西部的现实主义先驱者们身上所洋溢着的那种新生的、充满活力的思想精神所带来的希望……”卡津也是在图书馆里发现了他的中西部文学流派——一位理想化的“中西部”创作者双目有神、不修边幅，是戴着面具的先知。“他们说：除了他们正在急着创作的那部作品以外，真正的美国文学并不存在。”图书馆包容了一切：城市里有创造力的无名之辈、镀金时代里的陈旧与华丽、关于曼哈顿的考古发现和地理，最重要的是，它将美国人民聚集在一起，聚集在被卡津称为“避难所和教堂的地方，它容纳了失业者、疯狂的理想
203 主义者和同样疯狂的圣经学习者，后者固执地在开放书架上的参考书里写上‘你撒谎！’这些字样；它容纳了字谜爱好者们，他们查询着每一本百科全书；它容纳了推销员们，他们偷偷地从城市指南上撕下地址簿。”在卡津的眼中，图书馆里的每个人都好像中了邪一样，与伊诺克·索姆斯迷失于他那恼人的未来时一样歇斯底里。这是一种新型图书馆，与其先前的典型形象相去甚远——书虫们在缪斯的鸡笼中嗡嗡作响；孤独清高的圣·杰罗姆*与他的狮子和骷髅一起待在他的小阅览室里；或者类似于通常意义上

* 天主教圣徒之一，关于他的形象画中，经常有一只狮子和一个骷髅，据说狮子象征他无畏的勇气，骷髅则代表他对生命的深刻思索。——译者注

的工厂和市场。但是，无论有多么不同，卡津关于图书馆的看法却与之前的图书馆连接得天衣无缝。对于在一百万册图书遭到焚毁的大战前夕从事写作的卡津来说，图书馆是城市文明的熔炉，也是精华。

对于卡津的父母来说，被称作书籍的事物是神圣的、独一无二和稀少的。上帝创造了它的模样，它是这个世界上的主要事物（其第一种表现形式是《托拉》），而且它也太贵了。那是他父母时代的书籍——一种17世纪的图书概念，这种概念随着整个西方进入了20世纪。但是突然之间，卡津以及他的同龄人发现他们可以完全沉浸在无边无际的书海之中，那么多的书以至于他们就是“仅仅想稍微了解一下”也不能够。卡津，与之前的安廷一样，重新构筑了他们心目中的图书馆。如果说家庭图书馆像祭坛，可以体现文明的些许印痕，一个装着几本书的木箱打开以后就好像一只在威斯康星的农庄上飘来荡去的诺亚方舟，那么，对于淹没在纽约、波士顿和芝加哥的汹涌人潮中的移民和他们的子女们，上百万的图书放在一起，情形又是怎么样的呢？

有些人是在面对着饥饿和寒冷的时刻选择了书籍。瓦尔特·本雅明就是一个例子，他为了一本书不惜冒着生命的危险——还是一本未完成的书。在把那本里程碑式的著作《拱廊项目》的手稿放进行李，夹在臂下，205
翻越比利牛斯山脉，躲避逐渐逼近的纳粹法西斯之前的很长时间，本雅明曾经思考过每位读者通过其藏书所反映出来的风格气质。在散文“打开我的图书馆”中，本雅明表达了书籍给他带来的快乐。把它们从箱子里拿出来，为它们在书架上找到一个地方，他发现了它们作为物质事物的生命所在——就在于它们可以自由地呈现它们所拥有的生命力。“对于一位藏书者来说，”他写道，“书籍只有在书架的某个地方才能获得真正的自由。”书籍的共性并无意义，重要的是它们的个性。

读者们一直不喜欢综合型图书馆那令人不可思议的藏书能量，他们希望有一本书可以解释一切。对于这样一本书的渴望，从《圣经》开始，一直是文本文化的一部分。但是，本雅明却发现任何一本平常的书，在它与其主人的关联之中，都可能成为那本命运之书。个人图书馆蕴涵着一种潜力，是公共图书馆和学术图书馆所忽略的。因为图书馆提供了通向各种思想的可能渠道，像受到珍视的物体一样，书籍对它的所有者展示了其在时间和空间上所制造的关联：这些关联反映在有关它前主人的故事里，反映在它装订的历史上，反映在它里面尚未切开的书页中。书籍是一种工具，像所有的工具一样，它讲述着自己被制造的经历；它是那一扇门，也是那一把钥匙；它是那一本护照，也是那一个交通工具。令人唏嘘的是，本雅明带着他未完成的书——《拱廊项目》的手稿，它自身就是一座图书馆——结束了自己的生命，走向终极的自由和安全。这本书成为本雅明最后岁月中的一个精神支柱，一块需要他向山上推的巨石，一个诞生在他那柔弱和书生气的肩头上的世界。即使它是一个负担，他也是很快乐地承担着。最终，在那里，最为闪耀的光环是本雅明自己："这本书比我更重要。"在那
206 次最终流产的比利牛斯山的逃难之旅中，他对同伴这样说。

自从我第一次沉浸在它那浩瀚的书海中以来，怀德纳图书馆里上百万的收藏已经发生了很大变化。像所有那些热爱图书馆的人们一样，我对于图书文献的沉迷并不足以阻止时间的脚步。今天，怀德纳处于最近一次彻底装修的最后阵痛阶段；我沿着刚刚油漆过的崭新的台阶走下来，闻到了淡淡的霉菌的味道。当我用戴着戒指的手指划过那绿色的、管状扶手时，它发出了清脆的响声。那些用来学习专业术语的游戏卡片（Lingo Language Games）和"X—藏室"（X—cage）的脆弱纸张早已不见了，被搬到了一个不显眼的地方存放着。现在，要想在书架上找到一本旧书更难了，那种重新装订的古版

书以及18世纪牛皮封面的对开本都被转移到了更为安全的角落。

我在哪儿会找到你现在正在读的这本书？它在图书馆的位置是由很多不知名的其他因素所决定的：首先，是国会图书馆的那些起草分类编目的图书馆员们。这套编目系统在分类原则上有时令人困惑，因此提供了无数不同的解释和出错的机会。国会图书馆的主题门类——地点、可交叉对照的各式标题（“美国——社会条件——至1865”），这些曾经规范着主题编目卡片的内容，在线用户目前仍然用来搜索分布式数据库，却好像一个认识论的迷宫。

不是每个人都喜欢它们。为了适用于所有类型、规模和特性的图书馆，国会图书馆的主题门类带有一种官僚式的高压色彩。桑福德·伯曼自1973年以来担任明尼苏达州亨内平县图书馆的管理员，他展开了一场战争，主要针对那些他认为带有种族主义色彩、反动、侮辱人格和令人困惑的主题标目。在这个过程中，他和几位编目者将HCL*编目系统改造成一个对读者来说堪称典范的工具。 207

即使是伯曼和同事们所做的部分替代编目名单就让人感到忍俊不禁，而且清楚明白：国会图书馆分类条目中字眼模糊但是却符合语义结构原则的地方，如“友方伤害”（amicide），伯曼会提供一个容易理解的短语——“来自友方的炮火所导致的伤亡”；他会把严谨的“痛经”直接写成“月经所造成的绞痛”。然而，伯曼编目的风格与国会图书馆的区别并不仅仅局限于意识形态方面——他的编目更像是手艺活。而图书馆员们通常不得不接受现成的、由实力雄厚的大机构集中编成的数量达天文数字的编目，可以让订阅式图书馆将它们应用到计算机网络上。伯曼却坚持运用他自己的智慧来描述图书馆中的每一本书，这样，他的记录常常包含很多附加的信息，比如说目录以及详尽的注释，这些对于正在试图做决定的读者们大有帮助，比如，恩托扎克·尚治的《白色涂料》（*Whitewash*）一书，到底是

* Hennepin County Library，亨内平县图书馆的缩写。——译者注

一部探讨种族主义仇恨罪行的著作还是一部指导人们如何粉刷房间的书。

从杜威的时代到今天，图书馆的行政管理人员们一直不主张像这样的手工工作方式，认为这样会延缓图书馆的核心使命——把图书送到读者们的手中——的顺利进行。但是，对于伯曼来说，本末倒置的图书馆网络，其结果往往是南辕北辙，因为读者们在寻求正确的资源时并未得到有效的指导；相反，他们被那些强调专业知识的主题门类搞得不知所措、晕头转向；所谓的效率只是针对那些大型图书馆网络的行政管理者们而言的。

到目前为止，那些有关效率的说法似乎赢了，伯曼被迫提前退休，他的编目也遭到了同样的命运，被一体化标准数据库所取代。当全国范围内的图书馆员们抗议取缔伯曼编目的时候，行政管理人员们做了再三考虑，目前来看，这种编目很可能会被安置在一家图书馆学院的档案室中或者美
208 国图书馆联合会里。对于专家们来说，这是一个好消息，但是对于亨内平县的读者们来说，这种安慰显得无济于事。

我的书大概不需要什么详尽的、或者会有争议的主题编目。但是，我还是想知道，编目者们会把我的书分为哪一类：历史、回忆录还是小说？他们会不会把它分为 GT 一类？这一类的著作是关于“风俗礼仪，包括饮食”等等的；更有可能的是，我会在 Ps 这个关于语言和文学的门类中找到我的书；那么，包括了“附属历史学”的 C 类又怎么样呢——特别是其下属的 CD 一类，包括符号、印章和档案的那一类？尽管存在这么多可供商榷的选择，我相当确信：最终我会在文献目录学这个门类中找到我的书。编目者们很谦逊地把这一类用最后一个字母 Z 来标记，这一类包括：“图书（一般性质的）、信件、古文书、图书工业和贸易、图书馆、文献目录。”是的，一定在 Zs 这一部分。因此，几乎就在怀德纳东书库的底部，在 C 层楼我停了下来，这里就是 Z 类的家了。“禁止登上楼顶！”一个标志在那里提醒着我。

与其他门类一样，Z 类内部的区分也是由理性、偏见以及一时的想法等

相互交织的因素所决定的，因此分支很多。从哪里开始呢？我的书是毫无恶意的，我想，大概不会出现在Z1019—1033这一部分，这部分属于“禁书”。尽管包含了我的阅读心得，但是它不属于这个门类的最后部分——个人文献。接着是“与特别主题有关的图书馆”，Z716.2—718.8；Z702是“关于遭窃和损失的书籍”；Z102—104.5是“密码学、密码文件、隐形书写”。我很想在“最佳书籍”那一部分找到我的书，那是在Z1035—1035.9，只有0.9那么一点儿有限的空间，好像还没有宽敞到可以容下我的书。

这里是Z719—725，关于“图书馆（普通类）”的宽敞地带，我拐进了这一部分的书架丛林中。从前，炽热的白炽灯，曾经把昏黄的光线挥洒
在一排排的书架间，现在已经不见了，取而代之的是荧光灯那柔和、清亮 209
的灯光。上面有管道时隐时现，它们承载着高压水道，随时准备着在冒起第一缕烟或者热气的时候喷发，将燃烧的书籍打湿。今天没有火苗，很幸运，尽管这个星期怀德纳的读者和职员们已经多次遭遇火警的打扰（建筑和装修中产生的灰尘经常会错误地引发警报）。Z类以及相邻门类的书籍都很少得到读者的问津，只有头顶荧光灯发出的若有若无的嗡嗡声回应着我的脚步在大理石地面上所发出的声响。

我走到了这里——Z721s。这里还有什么？我看到了几个类似的标题：理查德·阿穆尔的《快乐的书生们：从石器时代到遥远的未来——图书馆员们有趣的历史及其世界》（*The Happy Bookers: A Playful History of Librarians and Their World from the Stone Age to the Distant Future*）；约翰·威利斯·克拉克的《爱护图书：图书馆及其设施从最初时期到十八世纪末的发展》（*The Care of Books: An Essay on the Development of Libraries and Their Fittings, from the Earliest Times to the End of the Eighteenth Century*）；一位名叫乔里斯·沃斯修的人所写的《大图书馆史》（*Grundzüge der Bibliotheksgeschichte*）；还有我的导师肯尼思·卡彭特写的《哈佛

大学图书馆最初的350年》（*The first 350 Years of the Harvard University Library*）。这些书，装订方式各种各样，装订所用的麻布亦各不相同。我用手指轻轻地划过它们，与挺括的纤维颗粒碰撞发出了单调而有节奏的怦怦声。但是，我没能看到我自己的书。我弯下腰，头快碰到脚踝了，是它应该被摆放的位置，可是我看到的却只是一个小小黑黑的空间——那个位置是空的，一个书冢的洞——在那里，下一本书倾斜着靠在它最近的邻居上面。我的书不在这里，我情愿去想有人已经把它借走了。

书冢、家庭图书馆、人民的宫殿、财富之屋，以及缪斯的鸡笼；我最初的分类，“帕纳森”和综合型；都在有如迷宫一般的错综交错的可能性中消散无形了。像博尔赫斯的短篇小说《巴比伦的图书馆》一样，任何一种图书收藏都有着数不清的抉择和矛盾的因素。尽管标准的建立是人为所致，但是，对抗标准的普遍化倾向自身也不乏存在的根基。最终，即使是综合型图书馆，也不能说比通常所讲的所谓智慧的集合更类似于人类知识
210 的总体——或者宇宙的模式。国会图书馆容纳了四百五十种语言的一亿多册图书——一定够得上是现代的“巴比伦”；但是，这只是世界上人们所讲所用的几千种自然生成的语言和方言中的一小部分。综合型图书馆的遍地开花，或许说明它与推崇标准的帕纳森一样，既是标准自身也是关于标准的，每个存在的事物最终都会在那里找到归宿。

到处都可以看到图书馆。追随着思想家们的敏锐的洞察力，从斯宾诺莎到阿兰·图灵，我们可以把宇宙想象成是由信息塑造出来的形态，流动或凝结，如瀑布般散落或再组合。最近，有人提出宇宙自身就像一台计算机，存储着各种形式的所有的数据；所有的现象，从原子粒子的分散到宇宙大爆炸，再到太平洋的波涛翻滚，再到修道院中一只翩跹飞舞的蝴蝶翅膀的震动，都可以转化成电脑上的读物。

数码时代的编目学家们重现了他们中世纪的前辈们所展露出的那种具

有创造性的作为。图书馆员们，像那些中世纪的书写员们一样，并不仅仅对文本进行保存和分类，他们还通过网上检索工具、光盘索引以及其他的电子文本，更不用说那些纸本的研究指南以及发表了的参考文献等等方式来对它们进行再创造。数码文本追随着其他弯弯曲曲的书写方式：就像古代的美索不达米亚一样，楔形文字一开始就是在湿湿的陶土上用来记载多少头牛以及多少蒲式耳谷物的天然标记，而二进制的计算机语言最先也是跟数字打交道的职员们与节俭的牧师们刻写出来的。然而，那些标记和涂鸦及时地被缪斯的狂热信徒们偷去了。我们业已把我们的数据库和网上编目称为“数码事物”——或许反映了我们对布满灰尘的实物书籍的怀念（在未来的几个世代里，还会有大量的图书需要我们照管）。或许今天的书写 211
文本，应该马上转化为那些飘逸的数码媒介，以便保存起来留给我们的子孙后代。不过，我们的后代会不会也要操心如何去保存那些注释和解说文本的数据？会不会在我们的程序员们试图隐藏的代码之中寻求真与美？几乎可以确信他们会的。这些数码文本，这些“事物体”，将得到分类、描述和注释。毫无疑问，这将是一项受欢迎的工作。今天的数码事物就是那不太遥远的明天的古籍——我们的手稿抄本、我们的书冢残片，因为我们对变革和永恒无休止的、永不满足的需求而产生的“弃用之物”。

数码时代的图书馆处于一种不稳定的状态，类似于一种危机的状态——不仅指这个机构本身，也包括它们收藏、保存和传播的图书，这是一场深深地植根于图书馆的书面文化的危机。综合型图书馆自以为可以回答这样的问题——“什么属于图书馆？”但是，在一个好像为信息制造了前所未有的广大空间的世界里，这个问题仍然保持着那种古代的威力。乔纳森·斯威夫特担心引进现代图书将毁掉图书馆的权威性；近代的图书馆员们，处于一个所谓更自由的时代，却依然以那种带着偏见的眼光审查着他们那逐渐增加的收藏，自己以为是在筛除谷壳，留下麦子，或者说是去除没有价值的，留下有价值的。各处的主要图书馆都在成堆成堆地处理图书，把它们卖掉，化成纸浆，或者把几百万册的图书储存在一个偏远的库房中。图书馆所面临的问题——没有足够的空间，缺少资金——确实很严重；而它们所面临的选择与浮士德一样，充满着危险。在他最近的书《再度萎缩：图书馆与针对报纸的攻击》（*Double Fold: Libraries and the*
212 *Assault on Paper*）之中，尼科尔森·贝克（Nicholson Baker）对于图书馆员们将日报当作是短命的存在，从而不值得系统收藏的态度表示了愤慨。他们宣称报纸的纸张是酸性的，因此储藏和保存起来都太过麻烦，内容俗丽而繁琐，实在不值得保存。自从约翰·丹顿创办了《雅典的精神》，作为"中间派"人士的教育方式，报纸就成为时代思潮以及它的作家们，通常是那些公共领域中的无名作者们的诞生地。正如贝克所讲述的那样，报纸在很大程度上促进了印刷科技的发展，而且为图书印刷商们孜孜以求的印刷字体的雅致和图表的美观设定了标准。报纸的消失——从那些声称收藏广泛的图书馆，比如大英图书馆、国会图书馆、纽约公共图书馆以及无数其他的图书馆中被驱逐——是一种历史进程中的失衡状态的体现。

在理想化的公共图书馆，我们都是普通的读者。阅读我们愿意读的任何东西，从而使我们可以履行一项公共职能——保持我们内心世界里的神圣而不可侵犯的空间，是我们与生俱来的权利。以立法、监督和审查的方式对这份权利的侵犯，与我们对这种侵犯的默许一样危险。

我们所面临的不是图书的流失，而是一个世界的流失。正如亚里士多德时代之后的亚历山大，或者文艺复兴早期的大学和修道院，又或者 19 世纪时那些杂七杂八的研究型图书馆，现在，字词的表现形式再次发生了转移，越来越倾向于像素和比特*，而不是纸张和墨水。看起来它也是会消失的，就像古代的逍遥学派的哲学家们，他们把书写看成是演说正在面临的

* 二进位制的信息的量度单位。——译者注

一种十分阴险的考验；或者是文艺复兴时期那些高贵的手稿收藏家们，他们看到印刷术的粗暴威力正在危及刚刚复兴的古典世界；或者是19世纪早期手工制造图书的爱好者们，对他们来说，廉价的惊险小说象征着文学价值的稀释和降低。但是，图书馆经过了这几许轮回却仍然存在，为我们提
供了希望。通过看管书籍以及文字，图书馆一次又一次地面对并战胜了科 213
技、变革，以及权势的冲击。

种种变革正是无穷尽的循环更新的一部分，在这个方面，图书馆应该感谢它的读者们。想一想理查德·怀特，将排斥他的奉行种族隔离的图书馆变成了自我发现的场所；再想一想瓦尔特·本雅明，无论他与怀特的世界距离多远或者差异多大，他同样活在那个世界——“书籍的丛林”之中。本雅明在那个地理边界线上停止了他的脚步，箱子里还有那本未完成的书；怀特把一张借来的图书卡当作护照进入了同一个世界，在那里，他自己的书等待着他，只是还没有写。

这里，在书架丛林之中，图书馆似乎也是图书逝去之后的归宿。总体来说，它们消失在自身的神秘光环之中。一代又一代，图书馆在发展、变革、繁荣、消失、兴旺、萧条——但是在所有这一切的过程之中，我们追寻着亚历山大的轨迹，寻求着帕纳瑟斯山峰上的片刻歇息，却总是与知识的神秘性以及堆积如山、繁衍不息的书籍纠缠不休。博尔赫斯在书海之中摸索前进时所发现的那个讽刺性的预言，深深地打动了在场的图书馆员们——为了保护它们自己，图书们正在躲避着我们。但是，正是这一点催生了更多的书籍，激励我们去一本本地完成它们，进而形成一个完整的系
列，就是在现有的收藏之上再增添一本书。 214

资料来源

我将竭力指出文中绝大多数资料的来源。下面，我会提供书中所提到的书籍和作者的文献信息，特别是那些不常见的图书。我希望读者们对我所遵循的逻辑路线能够有所了解，并且意识到其他的作者们所起到的导引作用。

一、解读图书馆

在小说《时间与河流》（*Of Time and the River*）中，托马斯·沃尔夫对图书馆的场景所做的描写戏剧化地表现了很多学生、教师以及图书馆员工们在怀德纳图书馆的书库中恣意攫取的感受。我在沃纳·克里格斯考特的《朱斯丕·阿西波多》（*Giuseppe Arcimboldo,* Cologne：Taschen，1993）一书中了解到朱斯丕·阿西波多的生平。我从弗拉基米尔·沃茨曼的《图书馆员手册》第二版（*The Librarian's Companion,* New York：Greenwood Press，1996）以及 UNESCO 的《统计年鉴》中得到了世界图书出版情况的统计资料。塞尼卡（Seneca）的那个段落是从洛布古典文库（“Loeb Classical Library,” Cambridge：Harvard University Press，1979）的《致卢齐利乌斯的道德信札》(*Ad Lucilium epistulae morales*)一书中摘取的。其英文翻译者是理查德·M. 格默里(Richard M. Gummere)。洛布系列图书风格虽然明显偏老，但是注解丰富，而且拉丁文和英文相互对照，对于非专业人士来说仍然是最好的经典文献的来源；除非特别注明，我之后提到的古典作家都参考了洛布系列。埃德蒙·莱斯特·皮尔逊探讨卡片编目所带来的挑战一文出自《图书馆与图书馆员》(*The Library and the Librarian*)一书(Woodstock, Vt.：Elm Tree Press，1910)，这本书是作者为《波士顿晚报》(*Boston Evening Transcript*)以及其他报纸所写的专栏文章的结集。皮尔逊也写作了那部《一位老图书馆员的日历》(*Woodstock, Vt.: Elm Tree Press, 1909*)，成为20世纪最有趣的一个文化骗局。皮尔逊笔下完全虚构的图书馆员贾里德·比恩(Jared Bean)被许多批评家、专栏作家和图书馆员们作为历史上的真人真事来引用。在《1800—1900，欧洲小说地图集》(*Atlas of the European Novel,* 1800—1900)(London：Verso，1998)中，佛朗哥·莫雷蒂提出从一个新的角度来看待阅读在历史上的作用，反驳了此前普遍存在的偏见，即认为文学经典的阅读才是读写能力的主要表现。斯特凡纳·马拉梅关于书与宇宙万物之间关系的精辟格言出现在《关于书：一本书，一部精神的乐章》(As to the Book：The Book，a Spiritual Instrument)一文中，我是在基思·博斯利翻译和编辑的《诗歌：双语对照》(*The Poems, A Bilingual Edition*，New York：Penguin，1977)中读到的。马拉梅的伟大著作《滚动的骰子永远充满着机会》(*Un Coup de des jamais n'abolira le hazard*)，全书弥漫着诗人关于图书的品性与意义的复杂、深刻而又矛盾的见解。亨利·戴维·梭罗在《河上一周》(*A Week on the Concord and Merrimack Rivers*)(1849)中，表达了他自己内心的矛盾。博尔赫斯也以他自己的方式表达了对于图书馆的矛盾见解。他的小说《巴比伦的图书馆》被收录在很多书中，我所利用的是詹姆斯·E. 厄比翻译的《迷宫：小说与其它作品精选集》

（*Labyrinths, Selected Stories and Other writings*，New York：New Directions，1964）。博尔赫斯的"天赋之诗"我引自亚历山大·科尔曼编辑的《诗歌选集》（*Selected Poems,* New York：Penguin，1999）；是由阿利斯泰尔·里德（Alistair Reid）翻译的，在此谢谢他允许我引用他的译文。

二、火烧亚历山大

艾尔弗雷德·J. 布特勒的《阿拉伯人征服埃及》（*The Arab Conquest of Egypt*，Oxford：Clarendon Press，1902）是西方学术界关于伊斯兰政权崛起的经典论著。穆斯塔法·阿巴迪所著《古代亚历山大图书馆的存在与命运》（*The Life and Fate of the Ancient Library of Alexandria*，Paris：UNESCO，1992），不仅为我们讲述了这个著名的图书馆如何灭亡的故事，而且为后古典时期的近东历史研究提供了一个新的视角。还有几本其他著作帮助我增强了对于亚历山大图书馆的了解：如《亚历山大图书馆：古代世界的学术中心》（*The Library of Alexandria, Centre of Learning in the Ancient World*，London：Tauris，2000）一书，由罗伊·麦克劳德主编，特别是其中编者所写的"历史与神话中的亚历山大"（"Alexandria in History and Myth"），D.T. 波茨的"亚历山大之前：古代近东的图书馆"（"Before Alexandria：Libraries in the Ancient Near East"），罗伯特·巴恩斯的"困在缪斯的鸡笼中的书虫们：古代的亚历山大图书馆"（"Cloistered Bookworms in the Chicken Coop of the Muses：The Ancient Library of Alexandria"），塞缪尔·刘的"东罗马帝国的学者们和学生们"（"Scholars and Students in the Roman East"）这几篇文章。由马丁·莱尔翻译，卢西亚诺·坎弗拉所著《消逝的图书馆：古代世界的一个奇迹》（*The Vanished Library:*

A Wonder of the Ancient World, Berkeley：University of California Press，1990）一书，重现了古代亚历山大的辉煌与神奇。由汉斯·维利茨翻译，鲁道夫·布卢姆所写的《卡利玛库斯：亚历山大图书馆以及文献学的起源》（*Kallimachos: The Alexandrian Library and the Origins of Bibliography*，Madison：University of Wisconsin Press，1991）一书，对于古代世界中图书的意义以及伟大的抒情诗人卡利玛库斯在图书馆和图书的历史发展进程中的重要地位做了积极的学术探索。

在《秦始皇时期的石刻：中华帝国早期的象征——文本与仪式》（*The Stele Inscriptions of Chin Shih—huang, Text and Ritual in Early Chinese Imperial Representation*，New Haven：American Oriental Society，2000）一书中，马丁·克恩对始皇帝的刻石做了精彩的翻译和细致入微的解释，包括它们与秦朝焚书事件之间的联系。在他的书中，我还学到了一个很有用的词"焚书"（biblioclasm，这个词很可能是他创造的）。1999年，杜德桥在大英图书馆所做的讲座中探讨了秦朝毁书的事迹，他的讲稿被收录在《中古时期消失的中华典籍》（*Lost Books of Medieval China*，London：British Library，2000）一书中。华兹生关于中国历史文献的翻译被公认为经典，他编著的关于司马迁的《史记，一位伟大的历史学家的记述》（*Annals, Records of the Grand Historian,* New York：Columbia University Press; Hong Kong：Chinese University of Hong Kong，1993）一书也不例外。葛朗特·哈代在他的《青铜与竹简的世界：司马迁对历史的征服》（*Worlds of Bronze and Bamboo, Sima Qian's Conquest of History,* New York：Columbia University Press，1999）一书中，描述了在中国古代阅读的作用和意义，以及司马迁的著作和命运。《中国的第一位皇帝》（*The First Emperor of China,* White Plains，N.Y.：International Arts and Sciences Press，1975）是由中华人民共和国的学者们所写的文章结集而成的一本书，由

李宇宁主编，主要探讨了秦朝时焚书事件的政治作用。钱存训的《在竹简和丝绸之上书写：中国书籍与铭刻的起源》（*Written on Bamboo and Silk, The Beginnings of Chinese Books and Inscriptions*, Chicago：University of Chicago Press, 1962）是一本可读性很强的探讨中国文字以及书籍的历史和意义的研究著作。钱描述了房山石刻图书馆以及石刻文字在传播佛教文学方面所起的重要作用，同时针对中国历史上图书的形式和意义做了全面彻底的论述。大卫·迪林格的《印刷术之前的图书：古代、中古，以及东方》（*The Book before Printing: Ancient, Medieval, and Oriental*, New York：Dover, 1982）为书籍曾经采用过的很多形式提供了详尽的描述。

米盖尔·莱昂鲍蒂亚在他具有开创性的著作《折断的长矛：阿兹特克人眼中的墨西哥之被征服》（*The Broken Spears, The Aztec Account of the Conquest of Mexico*）中，讲述了阿兹特克历史遭到摧毁的故事，莱桑德·肯普把它翻译成了英文（Boston：Beacon Press, 1992）。莱昂鲍蒂亚编辑并改写了早期纳瓦特书写员所写的墨西哥被征服的故事，安吉拉·玛丽亚·盖瑞比把它们翻译成了西班牙文。约翰·比尔贺斯特的《阿兹特克的历史和神话：古抄本中的齐马波波卡》（*History and Mythology of the Aztecs: The Codex Chimalpopoca,* Tucson, University of Arizona Press, 1992），戈登·布若斯顿的《来自墨西哥的图画书》（*Painted Books from Mexico,* London, British Museum Press, 1995）以及乔伊斯·马库斯的《中美洲的文字系统：四大古代文明的传播、神话和历史》（*Mesoamerican Writing Systems: Propaganda, Myth, and History in Four Ancient Civilizations*, Princeton：Princeton University Press, 1992），以上提到的这几本书，让我对纳瓦特文字的形式和意义有了更多的了解。

杰出的经典研究者莱昂内尔·卡森在他的书《古代世界的图书馆》（*Libraries in the Ancient World*, New Haven：Yale University Press, 2001）中

为古代的图书馆描绘出了一幅完整的画卷。他在书中的旁征博引，为我的下一步阅读提供了价值非凡的指导。伊丽莎白·罗森的著作使罗马图书馆的情形在我的眼前变得栩栩如生，她的专著《罗马共和末期知识分子的生活》为罗马知识分子的生活和工作模式提供了一幅全面的画卷。H. L. 皮纳的《古典时期的图书世界》(*The World of Books in Classical Antiquity*, Leiden：A. W. Sijthoff, 1948）一书，让我从另外一个角度认识到了书籍的作用。阿米地奥·迈瑞的书《赫库兰尼姆城以及纸莎草庄园》（*Herculaneum and the Villa of the Papyri,* Novara：Istituto Geografico de Agostini，1974）讲述了赫库兰尼姆城及其在维苏威火山喷发中遭到毁灭的故事。杨百翰大学（Brigham Young University）和那不勒斯意大利国家图书馆（Italian National Library at Naples）的研究者们所从事的工作可以在大学的网页（www.byu.edu/news/releases/archive01/Mar/Herculaneum/photos.html）上看到。

三、智慧书院

我从 R. H 和 M. A. 劳斯的文章“蜡版上的词汇”（The Vocabulary of Wax Tablets，*Harvard Library Bulletin,* new series，vol. 1，no. 3; Fall 1990）中，了解到“书”这个词可能的来源，以及关于蜡版功能的一些有趣的事实。J. A. 斯兹迈（J. A. Szirmai）的书《中世纪书籍装订方面的考古发现》（*The Archaeology of Medieval Bookbinding*，Burlington，Vt.：Ashgate，2000）讨论了拿戈玛第（Nag Hammadi）图书馆的书籍装订情况。帕多沃和伊莎贝拉·斯通的文章让我知道了尼西比斯的摩西创建古代叙利亚图书馆的故事，同时了解到迦修多儒的生平，以及中世纪时期伊斯兰教统治区域内的图书馆的情况。他们的文章被收录在詹姆斯·维斯特福·汤姆森的《中世纪图书馆》(*The Medieval Library*, Chicago: University of Chicago Press, 1939) 之中。丽莎·渣甸在她与安东尼·格拉夫顿一同编辑的《从人道主义到人文学科：十五和十六世纪欧洲的教育与人文科学》(*From Humanism to the Humanities, Education and the Liberal Arts in Fifteenth and Sixteenth—Century Europe,* Cambridge: Harvard University Press, 1986) 一书中，讨论了文艺复兴时期图书在杰出人士们的生活中所扮演的角色。我从伯绍德·厄尔曼和菲利浦·斯塔特的《文艺复兴时期的佛罗伦萨公共图书馆》(*The Public Library of Renaissance Florence,* Padua: Antenore, 1972) 一书中了解到许多关于科西莫·德·美第奇、尼克罗·尼克利以及圣·马可图书馆的情况。关于韦斯帕西阿诺的生平事迹，我借鉴了威廉·乔治和艾米莉·沃特斯翻译的《韦斯帕西阿诺回忆录：十五世纪杰出人士的生平》(*The Vespasiano Memoirs, Lives of Illustrious Men of the XVth Century*, Toronto: University of Toronto Press, 1997) 一书。我从我妻子的姑母弗劳拉·格瑞楠那里第一次听到了韦斯帕西阿诺的名字，在这里，我要感谢她。我从詹姆士·斯图尔特·柏蒂的《十二世纪的图书馆，它们的编目以及内容》(*Libraries in the Twelfth Century, Their Catalogues and Contents*, Cambridge: Houghton Mifflin, 1929) 一书中收集到了中世纪图书馆藏书方面的信息。文中提到的劳斯夫妇——理查德和玛丽的著作《真实的证人：中世纪文本和手稿的近距离接触》(*Authentic Witness, Approaches to Medieval Texts and Manuscripts*, Notre Dame: University of Notre Dame Press, 1991)，展示了他们关于索邦图书馆的藏书和使用情况的研究成果。雷诺和威尔逊的书《书写者和学者：希腊与拉丁文学的传播导向》(第三版) (*Scribes and Scholars, A Guide to the Transmission of Greek and Latin Literature*, 3rd ed., Oxford: Clarendon Press, 1991)，为图书馆在人道主义发展过程中所起的重要作用提出了比较深入的见解。安东尼·格拉夫顿编辑的《罗马的重生：梵蒂冈图书馆以及文艺复兴文化》(*Rome Reborn, The Vatican Library and Renaissance Culture*, Washington D.C.：Library of Congress，1993)，特别是其中安东尼·格拉夫顿、詹姆斯·汉金斯以及过世的雷纳德·博伊尔所写的章节是我了解梵蒂冈图书馆的主要资料来源。同时，我也充分利用了韦斯帕西阿诺的《回忆录》以及我与马西莫·西力萨和其他在梵蒂冈工作的图书馆员们的探讨成果。在梵蒂冈图书馆，我阅读了下面一些与早期图书馆的编目和流通程序相关的手稿资料：Vat. Lat. 3966（早期流通记录），Vat. lat. 3955（第一份编目），Vat. lat. 3967以及 Vat. lat. 3954(后来的编目)。我在大卫·弗瑞姆翻译的《旅游日志》(*Travel Journal*, San Francisco：North Point Press，1983）中读到了蒙田关于图书馆的回忆。

四、书的战争

哈佛早期印刷编目和图书馆索引的历史出现在休·艾莫利和 W. H. 邦德编辑的《1723—1790年，哈佛学院图书馆印刷编目》(*The Printed Catalogues of the Harvard College Library,1723—1790*, Boston：Colonial Society of Massachusetts，1996）一书中。在《笛福和新科学》(Defoe and the New Sciences)（Cambridge：Cambridge University Press，1990）中，伊尔丝·维克斯探讨了培根在英国思想史上的重要地位，以及当时的异端学术机构*在大不列颠的教育领域中所扮演的角色。邦德所写的书《林肯律师学院的托马斯·霍利斯：一位共和党人及其著作》(*Thomas Hollis of Lincoln's Inn: A Whig and His Books*)，讲述了这位哈佛捐助者的生平，是他推动了哈佛图书馆和哈佛学院

* 指17世纪中叶到19世纪，在英格兰由异议人士主办的学校、大学和另类的教育机构。——译者注

走上了现代化之路。我关于哈佛早期情况的见解也受到了伯纳德·贝林和奥斯卡·汉德林的影响，他们的文章收录在伯纳德·贝林编辑的《哈佛往昔的瞬间》（*Glimpses of the Harvard Past,* Cambridge：Harvard University Press，1986）一书中。关于书籍之间的战争讲述得最好的莫过于历史学家约瑟夫·莱文的著作《书籍战争：奥古斯都时代*的历史和文学》（*Battle of the Books, History and Literature in the Augustan Age*，Ithaca：Cornell University Press，1991）。在大英图书馆，我看到的几本书、一些书信集和印刷文件，让我了解到关于本特利、坦普尔和沃顿的更多的信息，特别是其中由华兹华斯编辑的《剑桥三一学院院长理查德·本特利博士书信集》（*The correspondence of Richard Bentley, D.D. Master of Trinity College, Cambridge,* London：J. Murray，1842），以及《论法拉里斯、狄米斯托克利、苏格拉底、欧里庇得斯和其他人的书信，以及伊索寓言》（*A dissertation upon the Epistles of Phalaris, Themistocles, Socrates, Euripides, and Others, and the Fables of Aesop*），还有沃顿的《古今学术之反思》（*Reflections upon the Ancient and Modern Learning*）和坦普尔的《古今学术散论》（*An Essay upon the Ancient and Modern Learning*）。约翰·丹顿（John Dunton）在他两卷本的忏悔录中充满激情地叙述了他的人生经历，吉尔伯特·麦克伊文（Gilbert D. McEwen）则在《咖啡屋的神谕》（*Oracle of the Coffee House*，San Marino，Calif.：Huntington Library，1972）中较为翔实严谨地讲述了约翰·丹顿的生平。罗伯特·莱瑟姆（Robert Latham）与威廉·马修斯（William Matthews）编辑整理的具有里程碑意义的著作《塞缪尔·佩皮斯的日记》（*Diary of Samuel Pepys*，Berkeley：University of California Press，2000）让我对17世纪末伦敦的生活有了一个基本的了解。伊莱恩·朋廷（Elaine M. Paintin）所写的历史著作《国王的图书馆》（*The King's Library,* London：British Library，1989）让我了解了皇家图书馆的历史。文中提到的

*这里指18世纪的英国文学。——译者注

哈罗德·威廉姆斯（Harold Williams）的书《主持牧师斯威夫特的图书馆，原始销售目录的复本以及两份手写书籍名单的说明》（*Dean Swift's Library, with a Facsimile of the Original Sale Catalogue and Some Account of Two Manuscript Lists of His Books,* Folcroft, Pa.: Folcroft Press, 1969），还有威廉·法努斯（William Le Fanus）的书《都柏林，1715年8月19日，圣帕特里克教堂主持牧师乔纳森·斯威夫特博士所有的图书目录》（*Catalogue of Books belonging to Dr Jonathan Swift, Dean of St Patrick's, Dublin, Aug. 19, 1715*, Cambridge: Cambridge University Library, 1988）让我对乔纳森·斯威夫特的图书馆做了一番探索和研究。海因茨·维恩肯（Heinz J. Vienken）和德克·帕斯曼（Dirk F. Passmann）的四卷本文献研究项目《乔纳森·斯威夫特的图书馆以及他的阅读情况》（*The Library and Reading of Jonathan Swift*, Bern and New York: Peter Lang, 2002）中的第一部分为本书的写作提供了信息来源。这个项目旨在对斯威夫特使用书籍的情况做细致的描述，这里的书籍不仅指他个人图书馆中的图书，也包括他在其他地方读过的图书。华盛顿·欧文笔下的那个烦躁易怒、遭遇冷落的大部头的故事出现在他的《随笔集》（*Sketch Book*）（1820）中，是我的朋友和同行——霍顿阿卡多（Accardo of Houghton）图书馆的皮特·X（Peter X）让我知道了这个故事，我还从他那里借了这本书来读。

五、人人有书读

我从朋友詹姆斯·帕克（James Parker）（希望编目中有关他的条目越来越多！）那里第一次听到了伊诺克·索姆斯（Enoch Soames）的故事。我在很大程度上借鉴了P.R.哈里斯（P.R.Harris）在《1753—1973年大英博物馆之图书馆的历史》（*A History of the British Museum Library, 1753—*

1973，London：British Library，1998）中关于大英图书馆的权威论述。在霍顿图书馆，我查阅了雅各布·阿博特（Jacob Abbott）《哈珀建设》（*The Harper Establishment*）的第一版；这是一本兴趣盎然的书，橡树山书屋（Oak Knoll Books）最近重印了这本书，人们现在可以更容易地看到它了。霍华德·伊兰德（Howard Eiland）与凯文·麦克劳林（Kevin Mclaughlin）翻译了瓦尔特·本雅明那部未完成的里程碑式巨著《拱廊项目》（*Arcades Project*），哈佛大学出版社于1999年出版了这部译作。帕尼兹生平故事的主要来源有两个：一个是爱德华·米勒（Edward Miller）的《图书馆王子：大英博物馆的安东尼奥·帕尼兹的生平时光》（*Prince of Librarians: The Life and Times of Antonio Panizzi of the British Museum*，London：British Library，1988），以及帕尼兹的自传《我的官场生涯》（*My Official Life,* Printed by C. F. Hodgson [London]，1871）。有两本书讲述了大英博物馆从帕尼兹的时代直到今天的编目情况：一本是芭芭拉·麦可克瑞蒙（Barbara McCrimmon）的《权势、政治和印刷品：1881—1900年大英博物馆编目的出版》（*Power, Politics, and Print, The Publication of the British Museum Catalogue, 1881—1900*，Hamden，Conn.：Linnet Books，1981），还有A. H. 查普林（A. H. Chaplin）的《GK：大英博物馆150年间普通印刷书籍的编目》（*GK, 150 Years of the General Catalogue of Printed Books in the British Museum*，Aldershot，U.K.：Scolar Press，1987）。在《1850—1914，英格兰公共图书馆的历史新视角：社会以及知识分子的层面》（*A New History of the English Public Library, Social and Intellectual Contexts, 1850—1914*，London：Leicester University Press，1996）这本书中，阿利斯泰尔·布莱克（Alistair Black）对于那个动荡年代中发生在大不列颠的公共图书馆运动做了真实有力的描述。

有关梅尔维尔·杜威的资料来源主要有下面几个：韦恩·威甘德

（Wayne Wiegand）的《抑制不住冲动的改革者：梅尔维尔·杜威的传记》（*Irrepressible Reformer, A Biography of Mevil Dewey*，Chicago：American Library Association，1996）；戈登·史蒂文森（Gordon Stevenson）和朱迪斯·克莱默格瑞尼（Judith Kramer—Greene）编辑的《梅尔维尔·杜威：其人及其分类法》（*Melvil Dewey, The man and the Classification*，Albany：Forest Press，1983）；弗瑞蒙特·瑞德（Fremont Rider）的《梅尔维尔·杜威》（Melvil Dewey，Chicago：American Library Association，1944）。哈佛图书馆员威廉·克斯韦尔（William Coswell）的部分通信资料保存在哈佛档案馆中。我从肯尼思·卡朋特（Kenneth E. Carpenter）的《哈佛图书馆公报》（*Harvard Library Bulletin*，Vol. 1，No.，Spring 1990）中第一次知道了克斯韦尔的“字条编目”。他还整理出版了爱默生关于哈佛学院出版社的报告。亚当斯（Adams）、普尔（Poole）、史密斯（Smith）以及格林（Green）的文章可以在《美国图书馆期刊》创刊号（*American Library Journal*，1876）上看到。“没完没了”（Continuity）一文出现在《哈珀周刊》（*Harper's Weekly*）1890年8月30日出版的那一期中。

六、知识在燃烧

我在怀德纳的一卷小册子中发现了比利时战争罪行调查委员会关于鲁汶天主教大学图书馆遭到摧毁的情况调查报告。巴多罗梅·艾甘（Bartholomew Egan）翻译了瓦伦丁·丹尼斯（Valentin Denis）所作的《1425—1958年的鲁汶天主教图书馆》（*Catholic University of Louvain, 1425—1958*，Louvain：n. p.，1958），这本书以图表的形式记录了这里的大学及其图书馆的历史。西奥多·科赫（Theodore Koch）的《鲁汶大学及其图书馆》（*The university of*

Louvain and Its Library, London：J. M. Dent，1917），讲述了一战之后美国人对于重建图书馆的兴趣，也是在这本书里，我看到了那位教授和他埋藏的那本书的故事。在书中，德国人扫荡鲁汶的那一段源自《纽约时报》1914年8月、9月的报道。诺克斯（J. Noakes）与普瑞德海姆（G. Pridham）编辑的《1919—1945年的纳粹主义：一份写实的读物》（*Nazism, 1919—1945, A Documentary Reader*，Exeter：University of Exeter，1983），令人信服地记录了纳粹摧残文化的历史。为了翻译有关"沸尔斯普如彻"、戈培尔参与1933年的焚书事件，以及纳粹审查制度这三方面的文件，我借鉴了《国家、经济和社会，1933—1939》（*State, Economy, and Society, 1933—1939*）第二卷的内容。玛格丽特·史迪格（Margaret F. Stieg）的《纳粹德国的公共图书馆》（*public Libraries in Nazi Germany,* Tuscaloosa：University of Alabama Press，1992）一书让我了解到图书馆界是如何响应第三帝国的崛起的。阿拉巴马大学出版社还爽快地准许我大段地引用史迪格的文章。乔纳森·罗斯（Jonathan Rose）编辑的那本令人难忘的书——《大屠杀与图书：毁灭与保存》（*The Holocaust and the Book: Destruction and Preservation*，Amherst：University of Massachusetts Press，2001），探讨了大屠杀期间书籍的命运。非常感谢马萨诸塞州立大学出版社准许我使用其中由扎克利·贝克（Zachary M. Baker）翻译的赫尔曼·克鲁克日记中的部分内容。这本书中还有一些部分对我也很重要，如蒂娜·阿布拉莫维茨关于"维尔纳犹太人隔离区图书馆"的回忆，列奥尼达斯·希尔的"纳粹对'非德语'文学的践踏，1933—1945"，斯塔尼斯劳·普格里斯（Stanislao G. Pugliese）的"不见血的迫害：纳粹占领下的罗马犹太人隔离区的书籍"，还有安德拉斯·里德梅尔（Andras Riedlmayer）的"在战火中共存：波斯尼亚的种族屠杀和焚书"。安德拉斯·里德梅尔还为我提供了他自己所做的与波斯尼亚民族大学图书馆的被摧毁事件有关的笔记以及一些档案文件资料，在这里，我要非常感谢他的指导。安德拉斯在

他的文章“从灰烬中走来：波斯尼亚文化传统的过去和未来”中，论述了文化传统在种族冲突中的重要性。这篇文章出现在玛雅·沙兹米勒（Maya Shatzmiller）编辑的《伊斯兰与波斯尼亚：多种族国家冲突的解决和外交政策》的第98—135页（*Islam and Bosnia: Conflict Resolution and Foreign Policy in Multi—ethnic States,* Montreal：McGill—Queens University Press，2002）。我关于图书馆所遭遇的破坏情景的描述完全来自于安德拉斯所收集的目击者的陈述，在这本书出版的时候，这些陈述应该已经被写进了海牙战争法庭的记录之中。很多安德拉斯的目击者也出现在克努特·约夫德（Knut Jorfald）执导的纪录片《焚烧的书籍》（Burning Books）中。我还要感谢杰弗里·斯普尔（Jeffrey Spurr）——哈佛伊斯兰部分的编目者兼波斯尼亚图书馆项目的协调员，他准许我引用他在纪念维耶尼卡被毁十周年时所作的讲话。在关于巴尔干战争的众多书籍之中，我发现迈克尔·塞尔斯（Michael A. Sells）的著作《遭到背叛的桥梁：波斯尼亚的宗教和生灵涂炭》（*The Bridge Betrayed: Religion and Genocide in Bosnia,* Berkeley：University of California Press，1996），在理解波斯尼亚的文化遭到破坏后所造成的影响方面最有帮助。我要感谢戴维·哈森特（David Harsent）准许我引用由他翻译的戈兰·西米奇（Goran Simic）的一首诗，这首诗被收录在《从墓园中冲出》（*Sprinting from the Graveyard*，Oxford：Oxford University Press，1997）这部诗集中。同时，我还要感谢戈兰·西米奇对我的鼓励。

伊丽莎·格里森（Eliza Gleason）的研究专著《南方黑人与公共图书馆》（*The Southern Negro and the Public Library*，Chicago：University of Chicago Press，1941），提供了与种族隔离时期的图书馆服务情况有关的关键资料。伊丽莎白·麦克亨利（Elizabeth McHenry）写作了大量南北战争之前非裔美国人的文化生态方面的文章，我在《哈佛图书馆公告》（*Harvard Library Bulletin*）第6卷第2期（Spring 1996）上读到了她的《“令人敬畏的修辞”：

非裔美国人的文化社会及图书馆的起源与发展》一文。

七、沉浸在书海之中

纽约犹太神学院特别藏品部的研究助理戴维·瓦赫特尔（David Wachtel）首次跟我提起了那个令人震撼的开罗书冢的故事。除了谢克特（Schechter）的文章［收录在《犹太主义研究选集》（*Studies in Judaism, A Selection,* Cleveland：World，1958）中］，我还借鉴了保罗·卡尔（Paul Kahle）在《开罗书冢》（*Cairo Geniza*）第二版（Oxford：Blackwell，1959）中，关于在书冢中所发现的文档的描述。所罗门·达夫·戈伊坦（Shelomo Dov Goitein）六卷本的著作《一个地中海的社会：在开罗书冢中发现的文档所描绘的阿拉伯世界中的犹太社区》（*A Mediterranean Society: The Jewish Communities of the Arab World as Portrayed in the Documents of the Cairo Geniza,* Los Angeles：Near Eastern Center，University of California，1967—93），是在这方面涉猎最为广泛也最权威的一部作品。托比·莱斯特（Toby Lester）在《大西洋月刊》（*The Atlantic Monthly,* January 1999）上发表了文章“可兰是什么”（What is the Koran？），探讨了也门的萨那大清真寺维修过程中发现的早期《可兰经》的情况。我读过玛丽·安廷的《希望之乡》（*The Promised Land*）的第二版（Princeton：Princeton University Press，1969，first published in 1912），以及艾尔弗雷德·卡津的回忆录《纽约犹太人》（*New York Jew,* New York：Alfred A. Knopf，1978）。我通过国会图书馆的网站（www.loc.gov/catdir）参考了LC的图书编目和主题分类。在他自己创办的精彩的图书馆精华网（www.libraryjuice.org）上，罗里·利特温（Rory Litwin）登载了他收集的关于桑福德·伯曼的传奇故事，内容十分详尽。克里斯·道奇（Chris Dodge）和简·德

西瑞（Jan DeSirey）编辑的《你一直想知道却不敢去问的关于桑迪·伯曼的一切》（*Everything You Always Wanted to Know About Sandy Berman but Were Afraid to Ask,* Jefferson, N.C.：McFarland，1995），是一本关于伯曼的生平及其作品的最好的书。你将在图书馆的文献目录学部分找到我的这本书以及注释中所提到的书（恐怕需要在一个相对来说比较大的图书馆）。在 LC 图书馆，它们是在 Zs 区；在使用杜威系统的图书馆，你会在010s（文献目录学）和020（图书馆科学）部分找到它。其他系统也很多：在怀德纳，Zs 与老怀德纳的文献目录学——Bs 是紧邻的。这两部分是关于书籍的书籍，位于哈佛院的两层楼下面，即怀德纳里面比较冷清的 C 层，这里成为很多哈佛图书馆员们的世外桃源；这片区域是我过去几年的猎场，也是这本书真正的诞生地。

致谢

在这里，我将充满感恩地讲述与这本书的写作相关的一些经历：我首先要把它归功于多诺万·霍恩，一位有天赋的作家、编辑和好朋友。在《哈珀周刊》工作期间，他成功地将我发给他的上百份信笔涂鸦的邮件组合成一篇像样的、可以在杂志上发表的文章；我非常感谢他的坚持、品位和他对我的信任。那篇文章（“沉浸在书海之中：大学图书馆的衰败与没落”（Lost in the Stacks：The Decline and Fall of the University Library，Harper’s Magazine，January 2000））中的一些段落，以十分不同的形式，散布在这本书的很多地方。第二章的部分内容出现在我的文章“焚烧不是失去一本书的唯一途径”“Burning Isn’t the Only Way to Lose a Book”中，这是一篇关于“亚历山大图书馆：古代世界的学术中心”的书评，发表在《伦敦书评》（*London Review of Books*）2000年4月13日那一期上。这本书第二章的一部分，也出现在2002年4月我在费城图书馆行会举办的美国图书馆历史研讨会上所做的发言之中。我的经纪人苏珊·巴里（Susan Barry）劝我将上文中提到的一鳞半爪作为写作一本书的基础。她还帮助我联系了诺顿出版社和编辑阿兰·塞利尔诺·梅森，没有她们的帮助和判断，这本书在写作的任何节点上都有可能脱离轨道。文字编辑奥托·桑塔格受命把我那杂乱无章的涂鸦变得流畅清晰，他的努力在很大程度上提高了本书的质量。我还要感谢我在不列颠海内曼出版社的编辑——拉维·默克安达尼，尤其是他在标题方面的天赋。在这本书的英国版本的工作开始以前，他就为我提供了支持。也要谢谢哈佛书店的南希·菲什，与我分享了她在处理标题方面的智慧。在罗马，我很荣幸地得到机会住在美国学术协会，在那里，同行专家的陪伴，以及协会与梵蒂冈的良好关系——这两者都令我受益匪浅。梵蒂冈图书馆的参考文献咨询馆员马西莫·西利沙对我表现出了他的智慧和友善，而他在梵蒂冈图书馆学院的学生们对我也从未吝惜他们的时间，以及他们对于欧洲图书馆发展情况的见解。在伦敦，我妻子的堂妹奥尔西娅·格利南、她的伴侣加文和他们的女儿们接待了我，在他们位于东杜威治的公寓里，我度过了愉快的一个星期。詹姆斯·帕克和乔舒亚·格伦是我的好朋友，同时也是了不起的作家，他们阅读了本书大量的早期草稿，他们的耐心和洞察力对我来说至关重要。我要感谢我在哈佛的所有同事和朋友们，没有他们的不懈努力，这个大学的图书馆不会这么欣欣向荣。那些图书馆员们以及工作人员是我个人在图书馆研究方面的真正研究对象。我尤其要感谢彼得·阿卡多、安娜·阿瑟和马雷克·科恩洛维茨这三人的友谊和洞察力。感谢安德拉斯·里德梅尔的耐心和慷慨的信息共享。感谢霍顿图书馆的图书馆员威廉·斯通曼，还要感谢肯尼思·卡彭特，一位伟大、慷慨和睿智的图书馆员和学者，我在图书馆工作的最初两年间，他是我的导师，他的指导仍然在指引着我的职业生涯。我最应该感谢的当然是我的家庭，包括我父母的家和我通过婚姻而组建成的这个家，他们的支持和爱是永不衰竭的启示。我要特别感谢我的妻子，丽贝卡·施莱辛格，她常常在我对着草稿堆的喃喃自语中入睡，现在，就在我写下这些文字的时候，为了给我的写作打掩护，她正在外面吸引着火力，浑身都被水枪打湿浸透了。

索引